も 6年
版
ementary

教科書ぴったりトレーニング

▶ 3分でまとめ動画

トラック トラック のついているところと、各付録の音声は、右のQRコード、または専用の「ポケットリスニング」のアプリから聞くことができます。
「ポケットリスニング」について、くわしくは表紙の裏をご覧ください。
https://www.shinko-keirin.co.jp/shinko/listening-pittari_training/

スピーキングアプリ のついているところは専用の「ぴたトレスピーキング」のアプリで学習します。
くわしくは97ページをご覧ください。

ぴったり1 準備

3分でまとめ

アルファベットを学ぼう 大文字

学習日　月　日

アルファベット　大文字

ききトリ　音声でアルファベットの音を聞いて、後に続いて言ってみましょう。　トラック0

- □ A（エイ）
- □ B（ビー）
- □ C（スィー）
- □ D（ディー）
- □ E（イー）

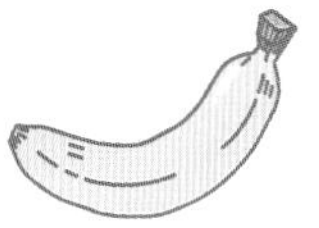

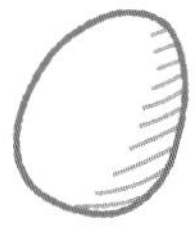

- □ F（エフ）
- □ G（ジー）
- □ H（エイチ）
- □ I（アイ）
- □ J（ジェイ）

- □ K（ケイ）
- □ L（エル）
- □ M（エンム）
- □ N（エンヌ）
- □ O（オウ）

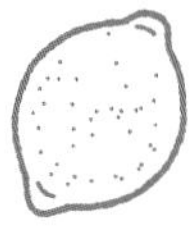

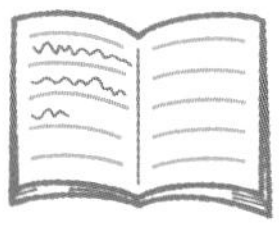

- □ P（ピー）
- □ Q（キュー）
- □ R（アール）
- □ S（エス）
- □ T（ティー）

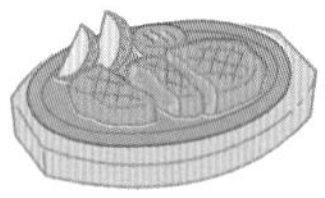

- □ U（ユー）
- □ V（ヴィー）
- □ W（ダブリュー）
- □ X（エクス）
- □ Y（ワイ）
- □ Z（ズィー）

☑ 発音したらチェック

ぴったり2

練習

学習日　　月　　日

※アルファベットの書き順は目安です。
※この本では英語の発音をよく似たカタカナで表しています。
めやすと考え、音声で正しい発音を確かめましょう。

かきトリ　声に出して文字をなぞった後、自分で2回ぐらい書いてみましょう。　できたらチェック！　書く　話す

① A　② B　③ C

④ D　⑤ E　⑥ F

⑦ G　⑧ H　⑨ I

⑩ J　⑪ K　⑫ L

⑬ M　⑭ N　⑮ O

⑯ P　⑰ Q　⑱ R

⑲ S　⑳ T　㉑ U

㉒ V　㉓ W　㉔ X

㉕ Y　㉖ Z

ヒント
大文字は、一番上の線から3番目の線までの間に書くよ。

ぴったり1 準備

学習日　月　日

アルファベットを学ぼう
小文字

アルファベット　小文字

ききトリ　アルファベットをリズムに乗って言ってみましょう。　トラック0

□ エイ a

□ ビー b

□ スィー c

□ ディー d

□ イー e

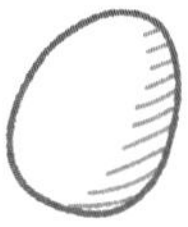

□ エフ f

□ ジー g

□ エイチ h

□ アイ i

□ ジェイ j

□ ケイ k

□ エル l

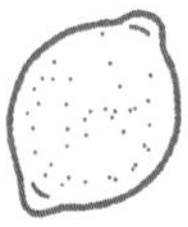

□ エンム m

□ エンヌ n

□ オウ o

□ ピー p

□ キュー q

□ アール r

□ エス s

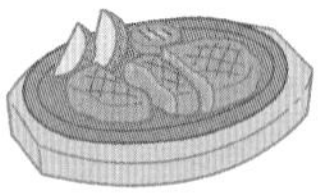

□ ティー t

□ ユー u

□ ヴィー v

□ ダブリュー w

□ エクス x

□ ワイ y

□ ズィー z

☑ 発音したらチェック

ぴったり2

練習

学習日　　月　　日

※アルファベットの書き順は目安です。
※この本では英語の発音をよく似たカタカナで表しています。
めやすと考え、音声で正しい発音を確かめましょう。

がきトリ　声に出して文字をなぞった後、自分で2回ぐらい書いてみましょう。　できたらチェック！　書く　話す

① a

② b

③ c

④ d

⑤ e

⑥ f

⑦ g

⑧ h

⑨ i

⑩ j

⑪ k

⑫ l

⑬ m

⑭ n

⑮ o

⑯ p

⑰ q

⑱ r

⑲ s

⑳ t

㉑ u

㉒ v

㉓ w

㉔ x

㉕ y

㉖ z

ヒント

bとdのように、形の似(に)ているアルファベットがいくつかあるね。

★英語を書くときのルール★

英語を書くときは、日本語とはちがうルールがいくつかあります。
次からのページで英語を書くときは、ここで学ぶことに気をつけましょう。

1 単語(たんご)の中の文字どうしはくっつけて書き、単語どうしははなして書く！

Good morning. I'm Saori.

Goodのように、1文字1文字がはなれないようにしよう。

単語と単語の間は、少しあけるよ。　文と文の間は、1 文字程度あけるよ。

2 文の最初(さいしょ)の文字は大文字で書く！

Good morning.　Yes, I do.

× good morning.

I は文のどこでも大文字だよ。

▶ 以下(いか)のような単語は文のどこでも大文字で始めます。

人の名前　Olivia

国名　Japan

地名　Osaka

3 文の終わりにはピリオド（.）をつける！

Nice to meet you.　Good idea!

強調するときなどに使うエクスクラメーションマーク（!）をつけるときは ピリオドはなくてよいよ。

4 たずねる文の終わりには、ピリオドのかわりにクエスチョンマーク（?）をつける！

How are you?

× How are you.

5 単語の間にはコンマ（,）をつけることがある！

Yes, it is.

Yes や No のあとにはコンマ（,）を入れるよ。

★数字を表す英語のルール★

トラック0

ものの個数や値段（ねだん）、年れいを表す数字と、日づけなどに使う数字の２通りを知っておきましょう。

ものの個数や値段、年れいを表す数字

1 one	2 two	3 three	4 four	5 five
6 six	7 seven	8 eight	9 nine	10 ten
11 eleven	12 twelve	13 thirteen	14 fourteen	15 fifteen
16 sixteen	17 seventeen	18 eighteen	19 nineteen	20 twenty
21 twenty-one	22 twenty-two	23 twenty-three	24 twenty-four	25 twenty-five
26 twenty-six	27 twenty-seven	28 twenty-eight	29 twenty-nine	30 thirty
40 forty	50 fifty	60 sixty	70 seventy	80 eighty
90 ninety	100 one hundred			

（例） three apples（3つのりんご）

日づけを表す数字

1st first	2nd second	3rd third	4th fourth	5th fifth	6th sixth	7th seventh
8th eighth	9th ninth	10th tenth	11th eleventh	12th twelfth	13th thirteenth	14th fourteenth
15th fifteenth	16th sixteenth	17th seventeenth	18th eighteenth	19th nineteenth	20th twentieth	21st twenty-first
22nd twenty-second	23rd twenty-third	24th twenty-fourth	25th twenty-fifth	26th twenty-sixth	27th twenty-seventh	28th twenty-eighth
29th twenty-ninth	30th thirtieth	31st thirty-first				

（例） My birthday is April 1st.
（わたしの誕生日（たんじょうび）は4月1日です。）

Pre Unit I can speak English! ①

3分でまとめ

学習日　　月　　日

めあて
5年生の学習をふり返ろう。

教科書 10ページ

名前・誕生日(たんじょうび)の伝え方

ききトリ 音声を聞いたあと、声に出してみましょう。　トラック1〜2

ハイ　アイム　ケヴィン　マイ　バースデイ　イズ　メイ　フォース
Hi, I'm Kevin. My birthday is May 4th.
こんにちは、わたしはケビンです。わたしの誕生日は5月4日です。

せつめい つたえる I'm ～.で、「わたしは～です。」と自分の名前を伝えることができます。誕生日を伝えるときは〈My birthday is＋月を表す語＋順番を表す語.〉で「わたしの誕生日は○月△日です。」と表すことができます。

ききトリ 音声を聞き、英語の言葉を言いかえて、文を読んでみましょう。　トラック3〜4

Hi, I'm Kevin. My birthday is May 4th.

いいかえよう　月を表す英語

□January（1月）

□February（2月）

□March（3月）

□April（4月）

□May（5月）

□June（6月）

□July（7月）

□August（8月）

□September（9月）

□October（10月）

□November（11月）

□December（12月）

ワンポイント
月を表す英語の9月から12月は、最後にerがつくことを覚えておこう。

これを知ったらワンダフル!
古代ローマ時代には1年は10か月だったんだよ。現在の1月が3月と考えられていたんだ。現在の10月はOctoberだけど、octoはラテン語で8の意味で、当時のOctoberは8月だったんだよ。

ぴったり2

練習

学習日　　月　　日

ぴったりクイズ　答えはこのページの下にあるよ！

「わたしは～です。」を表すI'm～.　に使われている「'」、は何て言うか知ってる？

教科書　10ページ

かきトリ　英語をなぞり、声に出してみましょう。

できたらチェック！　書く　話す

□1月
January

□2月
February

□3月
March

□4月
April

□5月
May

□6月
June

□7月
July

□8月
August

□9月
September

□10月
October

□11月
November

□12月
December

□こんにちは、わたしはケビンです。
Hi, I'm Kevin.

□わたしの誕生日は5月4日です。
My birthday is May 4th.

ヒント
月を表す英語は、最初の文字を大文字で書き始めよう。

▶読み方がわからないときは、左ページにもどって音声を聞いてみましょう。

やりトリ　自分の誕生日を書いて、声に出してみましょう。

できたらチェック！　書く　話す

My birthday is ＿＿＿＿＿＿＿＿.

つたえるコツ
誕生日は「月を表す語＋順番を表す語」の順番になるんだったね。それぞれの語の発音をしっかり確認（かくにん）してから言おう。

▶あてはめる英語は、左のページや付録の小冊子、教科書や辞書などから探してみよう！

練習ができたら、次は誰かに伝えてみよう！

ぴったりクイズの答え
「'」は「アポストロフィー」(apostrophe)と言うよ。I amをI'mと短くしたり、Kai's pen(カイのペン)のように、「～(人)の」を表したりするよ。

ぴったり1 準備

Pre Unit I can speak English! ②

学習日　月　日

めあて
5年生の学習をふり返ろう。

教科書　10～11ページ

自分のできること・得意なことの伝え方

ききトリ　音声を聞き、声に出してみましょう。　トラック5～6

アイ　キャン　スピーク　イングリッシ　ウェル
I can speak English well.
わたしは英語を上手に話すことができます。

アイム　グッド　アト　スウィミング
I'm good at swimming.
わたしは泳ぐことが得意です。

せつめい　つたえる　自分のできることを伝えるときは**I can ～.**で、「わたしは～ができます。」と表します。また、自分の得意なことを伝えるときは**I'm good at ～.**で「わたしは～が得意です。」と表すことができます。

ききトリ　音声を聞き、英語の言葉を言いかえて、文を読んでみましょう。　トラック7～10

I can **speak English well**.

いいかえよう　できることを表す英語

□run fast
（速く走る）

□swim
（泳ぐ）

□cook
（料理する）

ワンポイント
wellは「上手に、うまく」という意味を表し、その前にある、できることを表す英語について説明しているよ。

I'm good at **swimming**.

いいかえよう　得意なことを表す英語

□playing the piano
（ピアノをひくこと）

□singing
（歌うこと）

□running
（走ること）

これを知ったらワンダフル！
得意なことを表すときにatのすぐ後ろに入る言葉は、動作を表す英語とingを組み合わせて、「～すること」とすることが多いよ。canのすぐ後ろに入る動作を表す英語との形のちがいに注意しよう。

練習

学習日　　月　　日

ぴったりクイズ

答えはこのページの下にあるよ！

「できる」を表すcanは、同じつづりでまったく別の「もの」を表すけど、何か分かるかな？

教科書　10〜11 ページ

かきトリ　英語をなぞり、声に出してみましょう。

できたらチェック！　書く □　話す □

□ピアノをひくこと

playing the piano

□泳ぐ

swim

□速く走る

run fast

□走ること

running

ヒント

running、swimmingはそれぞれn、mを2回書くことに注意しよう。

□料理する

cook

□歌うこと

singing

□わたしは英語を上手に話すことができます。

I can speak English well.

□ わたしは泳ぐことが得意です。

I'm good at swimming.

▶読み方がわからないときは、左ページにもどって音声を聞いてみましょう。

やりトリ　自分のできることと得意なことを書いて、声に出してみましょう。

できたらチェック！　書く □　話す □

I can ＿＿＿＿＿＿＿＿.

I'm good at ＿＿＿＿＿＿＿＿.

▶あてはめる英語は、左のページや付録の小冊子、教科書や辞書などから探してみよう！

つたえるコツ

「できる」ということを伝えたいときはI can〜. の文を、「得意」ということを伝えたいときはI'm good at 〜. の文を使うようにしよう。

練習ができたら、次は誰かに伝えてみよう！

ぴったりクイズの答え　canの別の意味は（かんづめなどの）「かん」だよ。発音も［キャン］と同じだよ。

ぴったり3

確かめのテスト

Pre Unit I can speak English! ①～②

時間 30 分

／100

合格 80 点

教科書 10～11ページ　答え 2ページ

1 音声の内容に合う絵を、下の㋐～㋒から選び、(　　)に記号を書きましょう。　トラック11

技能　1問5点(10点)

㋐

㋑

㋒

(1) (　　　)　(2) (　　　)

2 音声を聞いて、内容に合う絵を線で結びましょう。　トラック12

1問15点(45点)

(1)

Momoka

(2)

Ken

(3)

Emma

6/12	7/12	9/2	11/15

ふりかえり　②が分からないときは、8, 9ページにもどって確認(かくにん)してみよう。

3 日本文に合う英語の文になるように、□の中から語を選び、□に書き、文全体をなぞりましょう。

1つ5点(25点)

(1) こんにちは、わたしはジミーです。

Hi, ______ Jimmy.

(2) わたしはピアノをひくことが得意です。

I'm ______ at ______ the piano.

(3) わたしの誕生日(たんじょうび)は４月21日です。

My ______ is ______ 21st.

playing　I'm　April　good　birthday

4 女の子がスピーチをします。絵の内容に合うように、□の中から正しい英語を選んで(1)と(2)に書きましょう。

思考・判断・表現　1問10点(20点)

My name is Yuki.

(1) My birthday is May ______.

(2) I'm good at ______.

March 6th　running
May 6th　swimming

Pre Unit I can speak English! ③

3分でまとめ

学習日　月　日

めあて
5年生の学習をふり返ろう。

教科書　10～11ページ

人の名前とその人のとくちょうの伝え方

ききトリ 音声を聞き、声に出してみましょう。　トラック13～14

ズィス　イズ　アキ
This is Aki.
この人はアキです。
シー　イズ　カインド
She is kind.
彼女(かのじょ)は親切です。

せつめい **つたえる** 人をしょうかいするときの「この人は～です。」は、This is ～.で表します。続けてその人のとくちょうについて伝えるとき、女の人の場合はShe is ～.で「彼女は～です。」を表すことができます。男の人の場合はSheの代わりにHe［ヒー］を使います。

ききトリ 音声を聞き、英語の言葉を言いかえて、文を読んでみましょう。　トラック15～16

This is Aki. She is **kind** .

いいかえよう とくちょうを表す英語

□smart
（頭のよい）

□cheerful
（陽気な）

□friendly
（親しみやすい）

□strong
（強い）

□cute
（かわいい）

□cool
（かっこいい）

□funny
（おもしろい）

□active
（活発な）

□popular
（人気のある）

ワンポイント
kind「親切な」
→is kind「親切です」
のように、isの後ろにとくちょうを表す英語を入れると「～です」という意味になるよ。

これを知ったらワンダフル!
sheやheは「人」に対して使うものだけど、ペットなどの身近な動物にも使われるよ。メスにはshe、オスにはheを使うんだよ。

ぴったり2

練習

学習日　　月　　日

?ぴったりクイズ　答えはこのページの下にあるよ！

smartは「頭がいい」という意味があるけど、機器などに対しては別の表現をするよ。何かわかるかな。

教科書　10〜11ページ

かきトリ　英語をなぞり、声に出してみましょう。

できたらチェック！　書く　話す

□親しみやすい　friendly

□かわいい　cute

□陽気な　cheerful

□強い　strong

□頭のよい　smart

□かっこいい　cool

□活発な　active

□おもしろい　funny

□人気のある　popular

□この人はアキです。　This is Aki.

□この人はカイです。　This is Kai.

□彼女は親切です。　She is kind.

□彼(かれ)はおもしろいです。　He is funny.

▶読み方がわからないときは、左ページにもどって音声を聞いてみましょう。

やりトリ　人の名前ととくちょうを書いて、声に出してみましょう。

できたらチェック！　書く　話す

This is ＿＿＿＿＿.

＿＿＿＿＿ is ＿＿＿＿＿.

つたえるコツ

しょうかいする人の名前と、彼または彼女のとくちょうを強く言おう。

▶あてはめる英語は、左のページや付録の小冊子、教科書や辞書などから探してみよう！

練習ができたら、次は誰かに伝えてみよう！

ぴったりクイズの答え　smartには「(機械などが)高性能の」という意味があるよ。

ぴったり1 準備

Pre Unit I can speak English! ④

学習日　　月　　日

めあて
5年生の学習をふり返ろう。

教科書 11ページ

したいことの伝え方

ききトリ 音声を聞き、声に出してみましょう。 トラック17～18

アイ ワ(ー)ント トゥ ゴウ トゥ イタリィ
I want to go to Italy.
わたしはイタリアに行きたいです。

せつめい つたえる 自分がしたいことを伝えるときは、I want to ～. で「わたしは～したいです。」と表します。上の文は「～」の部分がgo to ～（～に行きたい）なので、訪(おとず)れたい国の名前や場所の名前を続けます。want toの後ろをsee ～「～を見る」、eat ～「～を食べる」などにして、見たいものや食べたいものを伝えることもできます。

ききトリ 音声を聞き、英語の言葉を言いかえて、文を読んでみましょう。 トラック19～20

I want to **go to Italy** .

いいかえよう したいことを表す英語

□watch baseball games（野球の試合を見る）

□eat pizza（ピザを食べる）

□visit Taj Mahal（タージ・マハルを訪れる）

□see pandas（パンダを見る）

□eat curry（カレーを食べる）

□go to India（インドに行く）

□go to the USA（アメリカに行く）

□watch soccer games（サッカーの試合を見る）

□see sheep（ヒツジを見る）

ワンポイント
国名や県名、都市名などは、最初の文字を大文字で表すよ。

これを知ったらワンダフル!
want toの後ろには動作を表す英語などが続くよ。

ぴったり2

練習

ぴったりクイズ　答えはこのページの下にあるよ！

インドの世界遺産（せかいいさん）、タージ・マハルって何か知ってる？

教科書　11ページ

かきトリ　英語をなぞり、声に出してみましょう。

できたらチェック！　書く　話す

□カレーを食べる

eat curry

□インドに行く

go to India

□パンダを見る

see pandas

□ヒツジを見る

see sheep

□ピザを食べる

eat pizza

□タージ・マハルを訪れる

visit Taj Mahal

□サッカーの試合を見る

watch soccer games

□わたしはイタリアに行きたいです。

I want to go to Italy.

□わたしは野球の試合を見たいです。

I want to watch baseball games.

▶読み方がわからないときは、左ページにもどって音声を聞いてみましょう。

やりトリ　自分のしたいことを書いて、声に出してみましょう。

できたらチェック！　書く　話す

I want to ＿＿＿＿＿＿＿＿.

つたえるコツ

まずは動作を表す英語を言って、次にそのくわしい内容を伝えるようにしよう。

▶あてはめる英語は、左のページや付録の小冊子、教科書や辞書などから探してみよう！

練習ができたら、次は誰かに伝えてみよう！

ぴったりクイズの答え　タージ・マハルはインドがムガール帝国（ていこく）だった時代の皇帝（こうてい）がつくった、最愛の奥（おく）さんのお墓（霊廟（れいびょう）と言うよ）。美しいイスラム建築だよ。

ぴったり1 準備

Pre Unit I can speak English! ⑤

学習日　　月　　日

めあて
5年生の学習をふり返ろう。

教科書 12～13ページ

自分の好きなもの、ほしいもの、時間割りの伝え方

ききトリ 音声を聞き、声に出してみましょう。　トラック21～22

I like cats. I want apples.（アイ ライク キャッツ　アイ ワ(ー)ント アプルズ）
わたしはネコが好きです。わたしはリンゴがほしいです。

I have music today.（アイ ハヴ ミューズィック トゥデイ）
わたしは今日音楽があります。

せつめい **つたえる** 自分の好きなものを伝えるときはI like ～.「わたしは～が[を]好きです。」で表します。自分のほしいものを伝えるときはI want ～.「わたしは～が[を]ほしいです。」で表すことができます。また、今日ある授業の科目を言いたいときの「～があります」は、「～を持っている」の意味をもつhaveを使うことができます。

ききトリ 音声を聞き、英語の言葉を言いかえて、文を読んでみましょう。　トラック23～26

I like **cats** . I want apples.

いいかえよう

□dogs（犬）

□rabbits（ウサギ）

□books（本）

□gloves（手ぶくろ）
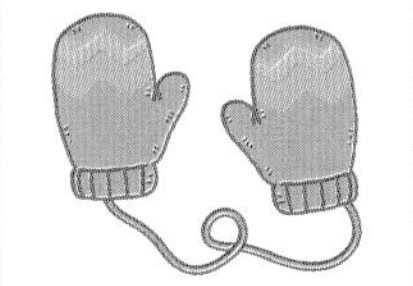

□bananas（バナナ）
□a blue bicycle（青い自転車）
□a big stuffed toy（大きなぬいぐるみ）
□a new racket（新しいラケット）

ワンポイント
犬などのように数えられるもので「～が好き」というとき、「そのものの すべて」をさしているので、sをつけるよ。

I have **music** today.

いいかえよう　教科を表す英語

□English（英語）

□science（理科）

□Japanese（国語）

□P.E.（体育）

これを知ったらワンダフル！
haveは今回の「(授業が)ある」のほかにも「持っている」「(動物を)飼う」、「食べる」「(家族などが)いる」などたくさんの意味があるよ。

小冊子のp.24～25で、もっと言葉や表現を学ぼう！

学習日　　月　　日

ぴったりクイズ 答えはこのページの下にあるよ！

自転車をbicycle[バイスィクル]やbike[バイク]と言うけど、オートバイは何て言うか分かるかな？

教科書 12〜13ページ

かきトリ 英語をなぞり、声に出してみましょう。

できたらチェック！ 書く 話す

□本 books

□手ぶくろ gloves

□バナナ bananas

□犬 dogs

□ウサギ rabbits

□体育 P.E.

□国語 Japanese

□英語 English

□理科 science

□ わたしはネコが好きです。 I like cats.

□今日は音楽があります。 I have music today.

□わたしはりんごがほしいです。 I want apples.

▶読み方がわからないときは、左ページにもどって音声を聞いてみましょう。

やりトリ 自分の好きなものとほしいものを書いて、声に出してみましょう。

できたらチェック！ 書く 話す

I like ______.

I want ______.

つたえるコツ

自分が書いた好きなもの、ほしいものをそれぞれ強く言おう。

▶あてはめる英語は、左のページや付録の小冊子、教科書や辞書などから探してみよう！

練習ができたら、次は誰かに伝えてみよう！

ぴったりクイズの答え motorcycle[モウタァサイクル]、motorbike[モウタァバイク]と言うよ。bikeとも言うけど、自転車と区別してmotorをつける方がいいよ。

ぴったり3

確かめのテスト

Pre Unit I can speak English! ③〜⑤

時間 30分

/100

合格 80点

教科書 10〜13ページ　答え 3ページ

1 音声の内容に合う絵を、下の㋐〜㋒から選び、(　　)に記号を書きましょう。

トラック27

技能　1問5点(10点)

㋐

㋑

㋒

(1) (　　　　)　(2) (　　　　)

2 音声を聞いて、内容に合う絵を線で結びましょう。

トラック28

1問15点(45点)

(1)

Emi

(2)

Riku

(3)

Mary

ふりかえり　❷が分からないときは、16, 17ページにもどって確認(かくにん)してみよう。

学習日　　月　　日

3 日本文に合う英語の文になるように、　　の中から語を選び、　　に書き、文全体をなぞりましょう。文の最初の文字は大文字で書きましょう。

1つ5点(25点)

(1) この人はモモカです。

_____ is Momoka.

(2) 彼女(かのじょ)は陽気です。

_____ is _____.

(3) わたしはヒツジが好きです。

I _____ _____.

like　she　sheep　this　cheerful

4 絵の内容に合うように、男の子をしょうかいしましょう。　　の 中から正しい英語を選んで(1)と(2)に書きましょう。

思考・判断・表現　1問10点(20点)

This is my friend.

(1) _____.

(2) _____.

Jiro

He is Jiro　She is Jiro

He is strong　She is strong

Unit 1 I'm from Tokyo, Japan. ①

3分でまとめ

学習日　月　日

めあて
出身地や得意なことを伝えることができるようになろう。

教科書 16～17ページ

出身地や得意なことの伝え方

ききトリ 音声を聞き、声に出してみましょう。　トラック29～30

アイム　フラム　パリス　フランス
I'm from Paris, France.
わたしはフランス、パリの出身です。

アイム　グッド　アト　ドゥローイング
I'm good at drawing.
わたしは絵をかくことが得意です。

せつめい **つたえる** １つ目の文は〈I'm from～(都市名、国名).〉で、「わたしは～の出身です。」という意味です。都市名と国名の２つを伝えるときは、間にコンマ(,)を入れます。２つ目の文はI'm good at ～.で、「わたしは～することが得意です。」と、自分の得意なことを表せます。

ききトリ 音声を聞き、英語の言葉を言いかえて、文を読んでみましょう。　トラック31～34

I'm from Paris, **France** .

いいかえよう 国を表す英語

□Japan（日本）

□Kenya（ケニア）
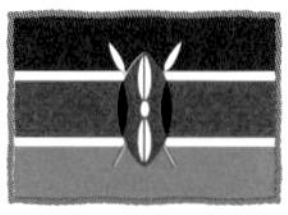

□Brazil（ブラジル）

□China（中国）

□the USA（アメリカ）

□the UK（イギリス）

□Australia（オーストラリア）

□India（インド）

ワンポイント
英語で表すときはParis, Franceと「都市名、国名」の順だけど、日本語で表すときは「フランス、パリ」と、言う順番が逆(ぎゃく)になるよ。

I'm good at **drawing** .

いいかえよう 得意なことを表す英語

□swimming（泳ぐこと）
□running（走ること）
□speaking English（英語を話すこと）
□skiing（スキーをすること）
□cooking（料理すること）
□skating（スケートをすること）
□playing soccer（サッカーをすること）
□playing the piano（ピアノをひくこと）
□singing（歌うこと）
□dancing（おどること）

これを知ったらワンダフル！
得意でないものについて言うときはI'm not good at～.（わたしは～することが得意ではありません。）となるよ。

小冊子のp.4～5で、もっと言葉や表現を学ぼう！

練習

学習日　　月　　日

ぴったりクイズ 答えはこのページの下にあるよ！

アメリカ合衆国the USAはthe United States of Americaが正式名。
ではイギリスthe UKの正式名は？

教科書 16～17ページ

かきトリ 英語をなぞり、声に出してみましょう。

できたらチェック！ 書く 話す

□ブラジル Brazil
□日本 Japan
□ケニア Kenya
□中国 China
□イギリス the UK
□オーストラリア Australia
□アメリカ合衆国 the USA
□おどること dancing
□スキーをすること skiing
□歌うこと singing
□スケートをすること skating
□英語を話すこと speaking English
□ わたしはフランス、パリの出身です。 I'm from Paris, France.
□わたしは絵をかくことが得意です。 I'm good at drawing.

▶読み方がわからないときは、左ページにもどって音声を聞いてみましょう。

やりトリ 自分の出身地と得意なことを書いて、声に出してみましょう。

できたらチェック！ 書く 話す

I'm from ＿＿＿＿＿＿.

I'm good at ＿＿＿＿＿＿.

つたえるコツ

出身地や得意なことを伝えることは、相手に自分のことを知ってもらうチャンス。
日本語でもそうだけど、心をこめて、明るく元気にはっきりと言うようにしよう。

▶あてはめる英語は、左のページや付録の小冊子、教科書や辞書などから探してみよう！

練習ができたら、次は誰かに伝えてみよう！

ぴったりクイズの答え the UKはthe United Kingdom (of Great Britain and Northern Ireland)が正式な表現だよ。

ぴったり3

確かめのテスト

Unit 1 I'm from Tokyo, Japan. ①

時間 30分

／100

合格 80点

教科書 16～17ページ　答え 4ページ

1 音声の内容に合う絵を、下の㋐～㋒から選び、(　　)に記号を書きましょう。

トラック35

技能 1問5点(10点)

㋐

㋑

㋒

(1) (　　　　)　(2) (　　　　)

2 音声を聞いて、内容に合う絵を線で結びましょう。

トラック36

1問完答15点(45点)

(1)

Neel

(2)

Yuki

(3)

Kevin

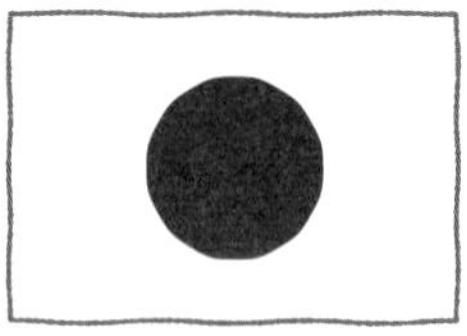

Japan

India

the USA

ふりかえり ❷が分からないときは、22ページにもどって確認(かくにん)してみよう。

3 日本文に合う英語の文になるように、［　］の中から語を選び、［　］に書き、文全体をなぞりましょう。２回使う語もあります。

1つ5点(25点)

(1) わたしはケニアの出身です。

I'm ［　　　］ Kenya.

(2) わたしは泳ぐことが得意です。

I'm ［　　　］ at ［　　　　　］.

(3) わたしはおどることが得意です。

I'm ［　　　］ at ［　　　　　］.

swimming　from　dancing　good

4 男の子がスピーチをします。絵の内容に合うように、［　］の 中から正しい英語を選んで(1)と(2)に書きましょう。

思考・判断・表現　1問10点(20点)

Hi, I' m Bob.

(1) I'm from ＿＿＿＿＿＿.

(2) I'm good at ＿＿＿＿＿＿.

the UK　skiing
the USA　surfing

ぴったり1 準備

3分でまとめ

Unit 1 I'm from Tokyo, Japan. ②

学習日　　月　　日

めあて
好きなものについてのやりとりをできるようになろう。

教科書　18〜19ページ

好きなものについてのたずね方／答え方①

ききトリ　音声を聞き、声に出してみましょう。　トラック37〜38

(フ)ワッツ　ユア　フェイヴ(ァ)リット　スポート
What's your favorite sport?
あなたの好きなスポーツは何ですか。

マイ　フェイヴ(ァ)リット　スポート　イズ　ベイスボール
My favorite sport is baseball.
わたしの好きなスポーツは野球です。

せつめい

たずねる　What's your favorite 〜?で、「あなたの好きな〜は何ですか。」とたずねることができます。 ここでは、sport(スポーツ)が入っています。

こたえる　答えはMy favorite 〜 is **...** .で、「わたしの好きな〜は…です。」と表せます。ここでの「**...**」には「好きなスポーツ」が入ります。

ききトリ　音声を聞き、英語の言葉を言いかえて、文を読んでみましょう。　トラック39〜42

What's your favorite sport?（あなたの好きなスポーツは何ですか。）ときかれたとき

My favorite sport is baseball .

いいかえよう　sport(スポーツ)を表す英語

□soccer
（サッカー）

□tennis
（テニス）

□basketball
（バスケットボール）

□table tennis(卓球)
□softball(ソフトボール)
□rugby(ラグビー)
□volleyball(バレーボール)
□badminton(バドミントン)
□track and field(陸上)

ワンポイント
favoriteにつづくのはスポーツや色、教科、動物、食べ物などが入るよ。

What's your favorite subject?（あなたの好きな教科は何ですか。）ときかれたとき

My favorite subject is math .

いいかえよう　subject(教科)を表す英語

□math
（算数）

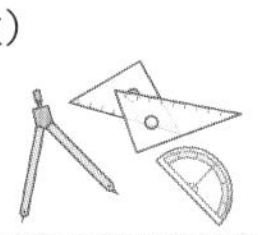

□English
（英語）

□Japanese
（国語）

□social studies(社会科)
□arts and crafts(美術)
□moral education(道徳)
□science(理科)
□P.E.(体育)
□home economics(家庭科)
□music(音楽)
□calligraphy(書写)

これを知ったらワンダフル！
たずねられた「好きな教科」をisの後ろに入れるよ。

ぴったり2

練習

学習日　月　日

?ぴったりクイズ 答えはこのページの下にあるよ！

英語ではsoccer（サッカー）は別の言い方があるよ、何と言うかな？

教科書 18〜19ページ

かきトリ 英語をなぞり、声に出してみましょう。

できたらチェック！ 書く □ 話す □

□テニス
tennis

□サッカー
soccer

□ラグビー
rugby

□バスケットボール
basketball

□算数
math

□英語
English

□卓球
table tennis

□国語
Japanese

□体育
P.E.

□陸上
track and field

□理科
science

□音楽
music

□あなたの好きなスポーツは何ですか。
What's your favorite sport?

□わたしの好きなスポーツは野球です。
My favorite sport is baseball.

▶読み方がわからないときは、左ページにもどって音声を聞いてみましょう。

やりトリ 自分の好きなスポーツを書いて、声に出してみましょう。

できたらチェック！ 書く □ 話す □

What's your favorite sport?

My favorite ______ is ______.

つたえるコツ

質問に答えるときは、isの後ろに書く自分の好きなものを強く言おう。

▶あてはめる英語は、左のページや付録の小冊子、教科書や辞書などから探してみよう！

答える練習ができたら、次は誰かに質問してみよう！

ぴったりクイズの答え
サッカーはアメリカでsoccer、イギリスやオーストラリアではfootballと言うよ。
ちなみにラグビー（rugby）の正式名はラグビーフットボールと言うんだよ。

ぴったり1 準備

Unit 1 I'm from Tokyo, Japan. ③

学習日　月　日

めあて
好きなものについてのやりとりをできるようになろう。

教科書　18〜19ページ

好きなものについてのたずね方／答え方②

ききトリ　音声を聞き、英語の言葉を言いかえて、文を読んでみましょう。　トラック43〜48

What's your favorite animal?(あなたの好きな動物は何ですか。)と聞かれたとき

My favorite animal is a rabbit .

いいかえよう　animal(動物)を表す英語

□a rabbit
(ウサギ)

□a dolphin
(イルカ)

□an elephant
(ゾウ)

□a panda(パンダ)
□a dog(犬)
□a lion(ライオン)
□a horse(ウマ)
□a cat(ネコ)
□a koala(コアラ)

これを知ったらワンダフル!
ア・イ・ウ・エ・オの音で始まる語が、1ぴき・1頭などを表すときは、aでなくanを使うよ。

What's your favorite color?(あなたの好きな色は何ですか。)と聞かれたとき

My favorite color is blue .

いいかえよう　color(色)を表す英語

□blue(青色)　□red(赤色)　□green(緑色)
□yellow(黄色)　□white(白)　□black(黒)
□pink(ピンク)　□brown(茶色)　□orange(オレンジ色)
□purple(むらさき色)　□gold(金色)　□silver(銀色)

ワンポイント
ほかにlight blue(水色)、light green(黄緑色)、deep blue(紺色)なども使ってみよう。

What's your favorite food?(あなたの好きな食べ物は何ですか。)と聞かれたとき

My favorite food is curry and rice .

いいかえよう　food(食べ物)を表す英語

□curry and rice
(カレーライス)

□French fries
(フライドポテト)

□spaghetti
(スパゲッティ)

□steak(ステーキ)
□sweets(あまいもの)
□noodles(めん類)
□salad(サラダ)
□cheese(チーズ)
□snacks(おかし)

これを知ったらワンダフル!
アメリカでは、sweetsはあまいものすべてを表し、candies[キャンディーズ]は「あまいおかし」を表すよ。

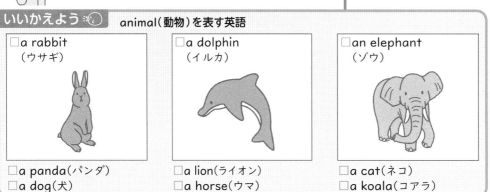

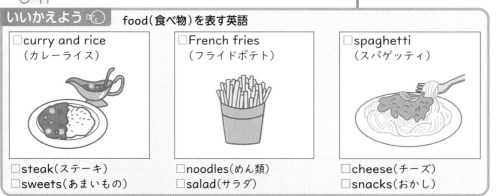

ぴったり2
練習

学習日　月　日

？ぴったりクイズ　答えはこのページの下にあるよ！

英語では、French fries（フライドポテト）は別の言い方があるよ。何て言うか分かるかな？

教科書　18～19ページ

かきトリ　英語をなぞり、声に出してみましょう。

できたらチェック！　書く　話す

□スパゲッティ　spaghetti

□ウサギ　a rabbit

□緑色　green

□サラダ　salad

□赤色　red

□カレーライス　curry and rice

□イルカ　a dolphin

□白　white

□ステーキ　steak

□ネコ　a cat

□黄色　yellow

□あまいもの　sweets

□あなたの好きな色は何ですか。

What's your favorite color?

□わたしの好きな色は青です。

My favorite color is blue.

▶読み方がわからないときは、左ページにもどって音声を聞いてみましょう。

やりトリ　自分の好きな食べ物を書いて、声に出してみましょう。

できたらチェック！　書く　話す

What's your favorite food?

My favorite ＿＿＿＿ is ＿＿＿＿.

つたえるコツ

質問に答えるときは、isの後ろに書く自分の好きなものを強く言おう。

▶あてはめる英語は、左のページや付録の小冊子、教科書や辞書などから探してみよう！

答える練習ができたら、次は誰かに質問してみよう！

ぴったりクイズの答え

フライドポテトは、アメリカではFrench fries［フレンチフ**ラ**イズ］と表し、イギリスではchips［**チッ**プス］と表すよ。

確かめのテスト

Unit 1 I'm from Tokyo, Japan. ②～③

時間 30 分

／100

合格 80 点

教科書 18～19ページ　答え 5ページ

1 音声の内容に合う絵を、下の㋐～㋒から選び、(　　　)に記号を書きましょう。

トラック49

技能　1問5点(10点)

㋐

㋑

㋒

(1) (　　　　)　(2) (　　　　)

2 音声を聞いて、内容に合う絵を線で結びましょう。

トラック50

1問15点(45点)

(1)

Emi

(2)

Ken

(3)

Mary

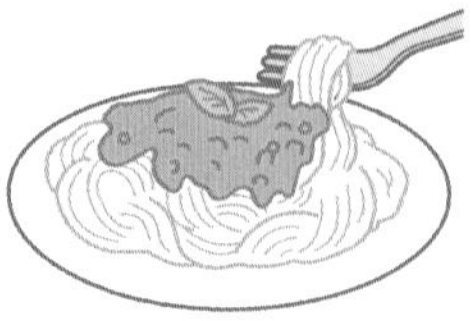

ふりかえり　❷が分からないときは、26, 28ページにもどって確認(かくにん)してみよう。

学習日　　月　　日

3 日本文に合う英語の文になるように、[　　]の中から語を選び、[　　]に書き、文全体をなぞりましょう。２回使う語もあります。文の最初の文字は大文字で書きましょう。

1つ5点(25点)

(1) わたしの好きな食べ物はチーズです。

My favorite [　　　] is cheese.

(2) あなたの好きな教科は何ですか。

[　　　] your [　　　] subject?

(3) 〈(2)に答えて〉わたしの好きな教科は音楽です。

My [　　　] subject is [　　　].

music　favorite　what's　food

4 男の子がスピーチをします。絵の内容に合うように、[　　]の中から正しい英語を選んで(1)と(2)に書き、文全体をなぞりましょう。

思考・判断・表現　1問10点(20点)

My name is Koji.

(1) I'm good at ＿＿＿＿.

(2) My favorite color is ＿＿＿＿.

cooking　drawing　yellow　green

ぴったり1 準備

Unit 2 Welcome to Japan. ①

学習日　　月　　日

めあて
季節ごとに日本で楽しめるものを言うことができるようになろう。

教科書　28～29ページ

日本で楽しめるものの伝え方

ききトリ　音声を聞き、声に出してみましょう。　トラック51～52

イン　スプリング　ユー　キャン　インヂョイ　チェリィ　ブラ(ー)サムズ
In spring, you can enjoy cherry blossoms.
春に、あなた(たち)はサクラの花を楽しむことができます。

せつめい　つたえる　日本で楽しむことができることをだれかに伝えるときは、You can enjoy ～.で「あなた(たち)は～を楽しむことができます。」と表します。 **enjoy**の後ろに日本で楽しめるものを入れましょう。

ききトリ　音声を聞き、英語の言葉を言いかえて、文を読んでみましょう。　トラック53～54

In spring, you can enjoy cherry blossoms .

いいかえよう　日本で楽しめるものを表す英語・季節を表す英語

□fireworks(花火)
□summer(夏)

□colorful leaves
(色とりどりの葉)
□fall / autumn(秋)

□hot springs(温泉)
□winter(冬)

□sakura sweets
(サクラのお菓子(かし))
□spring(春)

□colorful flowers
(色とりどりの花)
□spring(春)

□winter sports
(冬のスポーツ)
□winter(冬)

□summer festivals
(夏祭り)

□bon-odori
(盆(ぼん)おどり)

□illumination
(イルミネーション)

ワンポイント
canの後ろには動作を表す英語が入るよ。ここではenjoy(～を楽しむ)だね。その後ろに楽しめるものを表す言葉が続くよ。

これを知ったらワンダフル!
秋はfall［**フォール**］とautumn［**オータム**］の2通りの言い方があるよ。アメリカではfallの方をよく使い、autumnの方はイギリスでよく使われるよ。

ぴったり2

練習

学習日　月　日

?ぴったりクイズ 答えはこのページの下にあるよ！

springは「春」を表すよ。では、spring rolls [ロウルズ] と呼ばれる食べ物は何か分かるな？

教科書 28〜29ページ

かきトリ 英語をなぞり、声に出してみましょう。

できたらチェック！ 書く 話す

□春
spring

□夏
summer

□秋
fall / autumn

□冬
winter

□サクラの花
cherry blossoms

□花火
fireworks

□温泉
hot springs

□色とりどりの葉
colorful leaves

□春に、あなた(たち)はサクラの花を楽しむことができます。
In spring, you can enjoy cherry blossoms.

▶読み方がわからないときは、左ページにもどって音声を聞いてみましょう。

やりトリ 季節ごとに日本で楽しめるものを書いて、声に出してみましょう。

できたらチェック！ 書く 話す

In ______,
you can enjoy
______.

つたえるコツ

In 〜で季節を伝えたあと、コンマ(,)でひと呼吸置こう。それから、日本で楽しめるものをはっきり伝えよう。

▶あてはめる英語は、左のページや付録の小冊子、教科書や辞書などから探してみよう！

練習ができたら、次は誰かに伝えてみよう！

ぴったりクイズの答え spring rollsは「春巻」だよ。rollには「巻いたもの」という意味があるんだよ。

ぴったり1 準備

Unit 2 Welcome to Japan. ②

学習日　月　日

めあて
外国の人に日本のみりょくを伝えられるようになろう。

教科書 28～29ページ

日本で楽しめることとそのみりょくの伝え方

ききトリ 音声を聞き、声に出してみましょう。　トラック55～56

イン　スプリング　ユー　キャン　インヂョイ　チェリィ　ブラ(ー)サムズ
In spring, you can enjoy cherry blossoms.
春に、あなた(たち)はサクラの花を楽しむことができます。

ゼイ　アー　ビューティフル
They are beautiful.
それらはきれいです。

せつめい　つたえる　１つ目の文で日本で楽しめることを伝えたあと、それについて説明を続けています。**They are ～.** で「それらは～です。」と表します。**beautiful**は「きれいな、美しい」という意味です。

ききトリ 音声を聞き、英語の言葉を言いかえて、文を読んでみましょう。　トラック57～58

They are **beautiful** .

いいかえよう　とくちょうを表す英語

□exciting
(わくわくさせる)

□fun
(楽しい)

□delicious
(おいしい)

□relaxing
(リラックスさせる)

□popular
(人気のある)

□nice
(すてきな)

□famous
(有名な)

□great
(すばらしい)

□big
(大きい)

これを知ったらワンダフル!
Theyは前の文のcherry blossoms「サクラの花」をさしているよ。

これを知ったらワンダフル!
you can enjoy ～.の文でしょうかいしたものが、aやanを使って表す言葉や、世界に１つしかないような言葉のときは、They areの部分をIt isとすることがあるよ。

小冊子のp.26～27で、もっと言葉や表現を学ぼう！

ぴったり2
練習

学習日　　月　　日

ぴったりクイズ　答えはこのページの下にあるよ！

春夏秋冬を表す「季節」のことを、英語で何と言うか分かるかな？

教科書　28〜29ページ

かきトリ　英語をなぞり、声に出してみましょう。　できたらチェック！　書く　話す

□きれいな、美しい
beautiful

□わくわくさせる
exciting

□楽しい
fun

□リラックスさせる
relaxing

□おいしい
delicious

□春に、あなた(たち)はサクラの花を楽しむことができます。
In spring, you can enjoy
cherry blossoms.

□それらはきれいです。
They are beautiful.

□それらはリラックスします。
They are relaxing.

ヒント
delicious は
ous のつづりに
注意しよう。

▶読み方がわからないときは、左ページにもどって音声を聞いてみましょう。

やりトリ　日本で楽しめることとそのとくちょうを書いて、声に出してみましょう。　できたらチェック！　書く　話す

In ______, you can enjoy ______.
They are ______.

つたえるコツ
They areの後ろにくる、とくちょうを表す英語に気持ちをこめて、伝えるようにしよう。

▶あてはめる英語は、左のページや付録の小冊子、教科書や辞書などから探してみよう！

練習ができたら、次は誰かに伝えてみよう！

ぴったりクイズの答え　「季節」はseason［スィーズン］と言うよ。「プロ野球シーズン」などのように、スポーツの活動期間を表すこともできるよ。

ぴったり3

確かめのテスト

Unit 2 Welcome to Japan. ①～②

時間 30分

／100

合格 80点

教科書 28～29ページ　答え 6ページ

1 音声の内容に合う絵を、下の㋐～㋒から選び、(　　　)に記号を書きましょう。

トラック59

技能　1問5点(10点)

㋐

㋑

㋒

(1) (　　　　)　(2) (　　　　)

2 音声を聞いて、内容に合う絵を線で結びましょう。

トラック60

1問完答15点(45点)

(1)　(2)　(3)

春	夏	秋	冬

ふりかえり　❷が分からないときは、32ページにもどって確認(かくにん)してみよう。

3 日本文に合う英語の文になるように、[　]の中から語を選び、[　]に書き、文全体をなぞりましょう。

1つ5点(15点)

(1) 夏には花火や盆(ぼん)おどりを楽しむことができます。

In [　　　　], you can [　　　　]

fireworks and bon-odori.

(2) それらは楽しいです。

They are [　　　　].

enjoy　fun　winter　summer　exciting

4 女の子がスピーチをします。絵の内容に合うように、[　]の 中から正しい英語を選んで(1)と(2)に書きましょう。

思考・判断・表現　1問15点(30点)

(1)

(2)

In winter, you can enjoy hot springs.

In fall, you can enjoy colorful leaves.

They are delicious.　They are relaxing.

ぴったり1 準備

3分でまとめ

Unit 2 Welcome to Japan. ③

学習日　月　日

めあて
外国の人に日本のみりょくを伝えられるようになろう。

教科書 30～31 ページ

おすすめの地域(ちいき)とそこでできることの伝え方

ききトリ 音声を聞き、声に出してみましょう。　トラック61～62

トウキョウ　イズ　ア　グッド　プレイス
Tokyo is a good place.
東京はいいところです。

ユー　キャン　スィー　トウキョウ　タウア
You can see Tokyo Tower.
あなたは東京タワーを見ることができます。

ドウント　ミス　イット
Don't miss it.
お見のがしなく。

せつめい　つたえる　おすすめの地域を伝えるときは○○ is a good place.で、「○○はいいところです。」と表します。そこでできることを伝えるときはYou can ～.で「あなたは～をすることができます。」と言います。canの後ろは動作を表す英語がきます。Don't miss it.は「お見のがしなく。」という決まり文句です。

ききトリ 音声を聞き、英語の言葉を言いかえて、文を読んでみましょう。　トラック63～64

Tokyo is a good place. You can **see Tokyo Tower**.

いいかえよう　動作を表す英語

□visit Kumamoto Castle
（熊本城を訪れる）

□eat *takoyaki*
（たこ焼きを食べる）

□drink *matcha*
（抹茶(まっちゃ)を飲む）

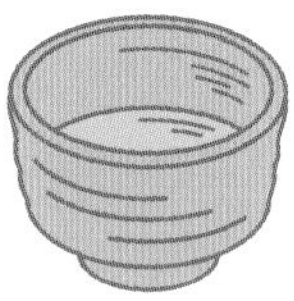

□eat delicious seafood
（おいしい魚介類(ぎょかいるい)を食べる）

□visit Kusatsu Hot Springs
（草津温泉を訪れる）

□eat soba
（そばを食べる）

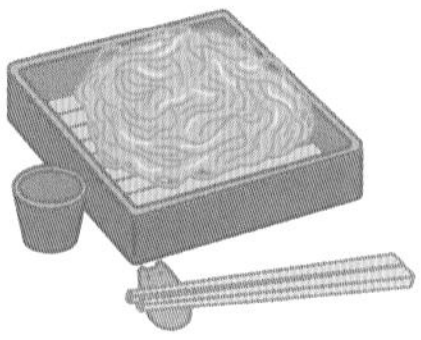

□see the snow festival in winter（冬に雪まつりを見る）
□swim in the sea（海で泳ぐ）
□visit many shrines and temples（多くの神社や寺を訪れる）

ワンポイント
地名や世界に1つしかないものは、単語を大文字で始めるよ。

これを知ったらワンダフル!
「城」を表すcastle[キャスル]は、tを発音しないので注意が必要だよ。このような英語は、ほかに「島」を表すisland[アイランド]があり、sを発音しないよ。

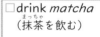

ぴったり 2

練習

学習日　　月　　日

ぴったりクイズ 答えはこのページの下にあるよ！

temple[テンプル]は「寺」の意味だけど、ほかに体の部分を表す言葉でもあるんだよ。何だと思う？

教科書 30〜31 ページ

かきトリ 英語をなぞり、声に出してみましょう。

できたらチェック！ 書く 話す

□熊本城を訪れる

visit Kumamoto Castle

□たこ焼きを食べる

eat takoyaki

□多くの神社や寺を訪れる

visit many shrines and temples

□冬に雪まつりを見る

see the snow festival in winter

□東京はいいところです。

Tokyo is a good place.

□あなたは東京タワーを見ることができます。

You can see Tokyo Tower.

□お見のがしなく。

Don't miss it.

▶読み方がわからないときは、左ページにもどって音声を聞いてみましょう。

やりトリ おすすめの地域とそこでできることを書いて、声に出してみましょう。

できたらチェック！ 書く 話す

_____ is a good place.

You can _____.

つたえるコツ

みりょくを相手に伝えるために、気持ちをこめよう。canの後ろを強く言うと、気持ちが伝わりやすいよ。

▶あてはめる英語は、左のページや付録の小冊子、教科書や辞書などから探してみよう！

練習ができたら、次は誰かに伝えてみよう！

ぴったりクイズの答え templeの別の意味は、目と耳の間の「こめかみ」だよ。ちょっとむずかしかったかな。

Unit 2 Welcome to Japan. ③

時間 30分　　／100　　合格 80点

教科書 30〜31ページ　答え 7ページ

1 音声の内容に合う絵を、下の㋐〜㋒から選び、(　　)に記号を書きましょう。

トラック65

技能　1問5点(10点)

㋐

㋑

㋒

(1) (　　　　)　(2) (　　　　)

2 音声を聞いて、内容に合う地域と絵を線で結びましょう。

トラック66

1問完答15点(45点)

(1)　　(2)　　(3)

熊本（くまもと）	大阪（おおさか）	京都（きょうと）	青森（あおもり）

ふりかえり　❷が分からないときは、38ページにもどって確認（かくにん）してみよう。

学習日　　月　　日

3

日本文に合う英語の文になるように、□の中から語を選び、□に書き、文全体をなぞりましょう。

1つ5点(25点)

(1) 岐阜(ぎふ)はよいところです。

Gifu is a ______ ______.

(2) 盆(ぼん)おどりを楽しむことができます。

You ______ ______ bon-odori.

(3) お見のがしなく。

Don't ______ it.

can　place　miss　enjoy　good

4

長野についてしょうかいします。絵の内容に合うように、□の中から正しい英語を選んで(1)と(2)に書きましょう。

思考・判断・表現　1問10点(20点)

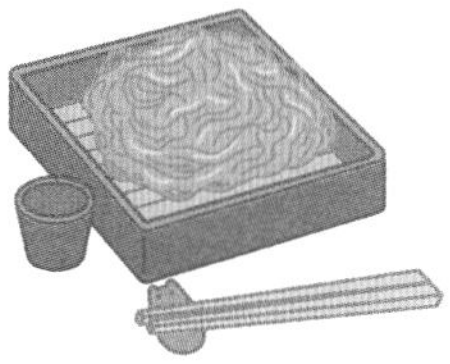

Nagano is a good place.

(1)

(2)

You can eat soba.　You can eat ramen.

You can visit Zenkoji Temple.　You can visit Karuizawa.

ぴったり1 準備

3分でまとめ

Unit 3 We need a big park in our town. ①

学習日　月　日

めあて
自分の住む地域(ちいき)についてのやりとりができるようになろう。

教科書 38〜39ページ

自分の地域にあるものの伝え方

ききトリ 音声を聞き、声に出してみましょう。 トラック67〜68

ウィー　ハヴ　ア　ライブレリィ
We have a library.
(わたしたちには)図書館があります。

せつめい つたえる 自分たちの住む地域にあるものを伝えるときは、We have ～.で表します。ふつうは「わたしたちは～を持っています。」という意味ですが、「～」に施設(しせつ)の名前が入ると、「(わたしたちには)～があります。」と表すことができます。

ききトリ 音声を聞き、英語の言葉を言いかえて、文を読んでみましょう。 トラック69〜70

We have **a library** .

いいかえよう 地域にあるものを表す英語

□a park
(公園)

□an aquarium
(水族館)

□a shopping mall
(ショッピングモール)

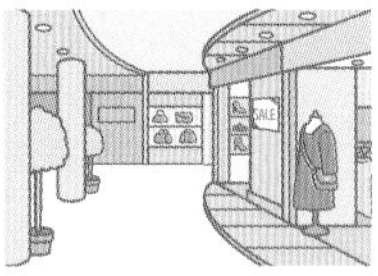

□a zoo
(動物園)

□a stadium
(スタジアム)

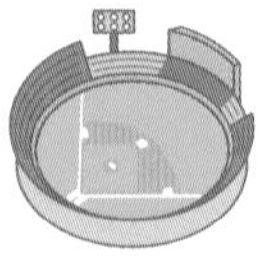

□a gym
(体育館)

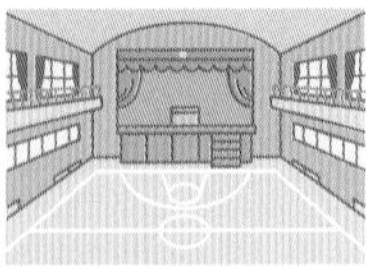

□an amusement park(遊園地)

□a swimming pool(プール)

□a movie theater(映画館)
□a science museum(科学博物館)

これを知ったらワンダフル!
amusement park や aquarium のように、最初の文字を「ア・イ・ウ・エ・オ」で発音する英語には、aでなく、anを前につけよう。

これを知ったらワンダフル!
映画館という意味を表す movie theater の theaterは、イギリスではtheatreというつづり方をして、主に「演劇(えんげき)、劇場」という意味で使われるよ。

小冊子のp.14〜15で、もっと言葉や表現を学ぼう!

練習

学習日　　月　　日

?ぴったりクイズ 答えはこのページの下にあるよ！

アメリカでは「映画館」を主にmovie theaterと表すけど、イギリスではどのように表すか知ってるかな？

教科書 38〜39 ページ

かきトリ 英語をなぞり、声に出してみましょう。　できたらチェック！ 書く 話す

□スタジアム
a stadium

□水族館
an aquarium

□体育館
a gym

□遊園地
an amusement park

□映画館
a movie theater

□ショッピングモール
a shopping mall

□プール
a swimming pool

□図書館
a library

□科学博物館
a science museum

□動物園
a zoo

□(わたしたちには)図書館があります。
We have a library.

▶読み方がわからないときは、左ページにもどって音声を聞いてみましょう。

やりトリ 自分の地域にあるものを書いて、声に出してみましょう。　できたらチェック！ 書く 話す

We have ＿＿＿＿＿＿＿＿.

つたえるコツ

施設の名前は２つの語が組み合わさって長くなるものが多いよ。いつもより少しだけ、単語と単語のすきまを短く言ってみよう。

▶あてはめる英語は、左のページや付録の小冊子、教科書や辞書などから探してみよう！

練習ができたら、次は誰かに伝えてみよう！

ぴったりクイズの答え

イギリスでは映画館をcinema［**スィ**ネマ］と表すよ。日本語で「シアター」「シネマ」と言うときは、どちらも「映画館」を表すよ。

学習日　月　日

Unit 3
We need a big park in our town. ②

めあて
自分の住む地域(ちいき)についてのやりとりができるようになろう。

教科書 38～39ページ

地域にあるものとそこでできることの伝え方

ききトリ 音声を聞き、声に出してみましょう。　トラック71～72

ウィー　ハヴ　ア　ライブレリィ
We have a library.
(わたしたちには)図書館があります。
ウィー　キャン　リード　メニィ　ブックス
We can read many books.
わたしたちは多くの本を読むことができます。

せつめい **つたえる** 自分たちの地域にあるものを使って何ができるかを伝えるときは、**We can ～.**で「わたしたちは～をすることができます。」と表します。「～」には、1文目で伝えた内容に合う、動作を表す英語が入ります。

ききトリ 音声を聞き、英語の言葉を言いかえて、文を読んでみましょう。　トラック73～74

We have a library. We can read many books.

いいかえよう 動作を表す英語

□swim
(泳ぐ)

□see many sea animals
(多くの海の生き物を見る)

□study about animals
(動物について学ぶ)

□watch sports
(スポーツを見る)

□play many sports
(多くのスポーツをする)

□see movies
(映画(えいが)を見る)

□walk and run around the park(公園の周りを散歩したり走ったりする)
□enjoy our free time(自分たちの自由時間を楽しむ)
□study about dinosaurs(恐竜(きょうりゅう)について学ぶ)

ワンポイント
I can ～.(わたしは～できます。)も、You can ～.(あなたは～できます。)も、We can ～.(わたしたちは～できます。)もどれもcanの後ろには動作を表す英語が続くよ。

これを知ったらワンダフル!
seeやplayなど、最初の単語のあとに続く英語を別の言葉にすることで、たくさんの表現をつくることができるよ。

ぴったり2

練習

学習日　　月　　日

?ぴったりクイズ　答えはこのページの下にあるよ！

自由時間（free time）という言葉が出てきたけど、短い休けいや休み時間のことを何て言うか知っているかな？

教科書　38～39ページ

かきトリ　英語をなぞり、声に出してみましょう。

できたらチェック！　書く　話す

□スポーツを見る

watch sports

□多くのスポーツをする

play many sports

□自分たちの自由時間を楽しむ

enjoy our free time

□多くの海の生き物を見る

see many sea animals

□動物［恐竜］について学ぶ

study about animals [dinosaurs]

ヒント

learn about ～は、「～」にいろいろなものを当てはめて使うことができるよ。

□公園の周りを散歩したり走ったりする

walk and run around the park

□わたしたちは多くの本を読むことができます。

We can read many books.

▶読み方がわからないときは、左ページにもどって音声を聞いてみましょう。

やりトリ　地域にあるものとそこでできることを書いて、声に出してみましょう。

できたらチェック！　書く　話す

We have ＿＿＿＿＿＿＿＿.

We can ＿＿＿＿＿＿＿＿.

つたえるコツ

「自分の地域にあるものでできること」が思いつかないときは、enjoy ～(～を楽しむ)やstudy about ～(～について学ぶ)を使って考えてみよう。

▶あてはめる英語は、左のページや付録の小冊子、教科書や辞書などから探してみよう！

練習ができたら、次は誰かに伝えてみよう！

ぴったりクイズの答え

短い休けいや休み時間のことは、break［ブレイク］やrecess［リセス］という英語を使って表すよ。Let's take a break!（少し休けいしよう！）

ぴったり3 確かめのテスト

Unit 3 We need a big park in our town. ①〜②

時間 30 分

／100

合格 80 点

教科書 38〜39ページ　答え 8ページ

1 音声の内容に合う絵を、下の㋐〜㋒から選び、(　　)に記号を書きましょう。

トラック75

技能 1問10点(20点)

㋐

㋑

㋒

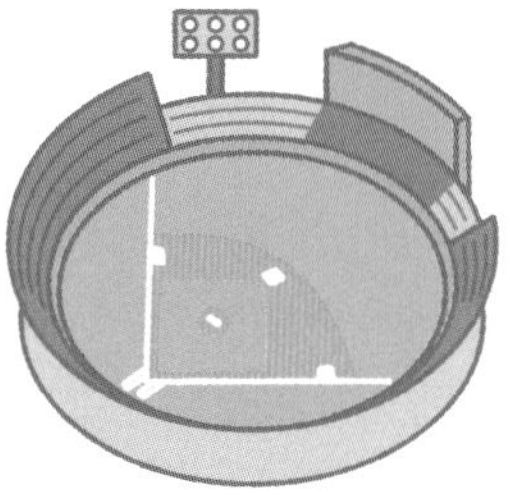

(1) (　　　　)　(2) (　　　　)

2 音声を聞いて、内容に合う絵を線で結びましょう。

トラック76

1問10点(30点)

(1)

Taiga

(2)

Emma

(3)

Riku

ふりかえり　❷が分からないときは、44ページにもどって確認(かくにん)してみよう。

3 日本文に合う英語の文になるように、□の中から語を選び、□に書き、文全体をなぞりましょう。２回使う語もあります。文の最初の文字は大文字で書きましょう。

1つ6点(30点)

(1) わたしたちには図書館があります。

We ＿＿＿ a ＿＿＿ .

(2) わたしたちには動物園があります。

＿＿＿ have a zoo.

(3) わたしたちは動物について勉強することができます。

＿＿＿ can ＿＿＿ about animals.

have　study　library　we

4 女の子が自分の住む地域についてスピーチをします。絵の内容に合うように、□の中から正しい英文を選んで(1)と(2)に書きましょう。

思考・判断・表現　1問10点(20点)

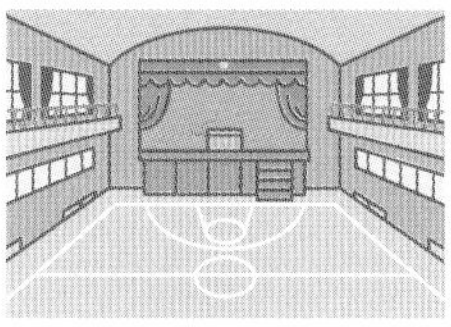

(1) ＿＿＿

(2) ＿＿＿

We have a library.　We have a gym.

We can play basketball.　We can play the piano.

ぴったり1 準備

3分でまとめ

Unit 3 We need a big park in our town. ③

学習日　　月　　日

めあて
自分の住む地域をより良くするためのアイデアを伝えられるようになろう。

教科書 40〜41ページ

地域に必要なもののたずね方／答え方

ききトリ 音声を聞き、声に出してみましょう。　トラック77〜78

(フ)ワット　ドゥ　ウィー　ニード　イン　アウア　タウン
What do we need in our town?
わたしたちの町に何が必要ですか。

ウィー　ニード　エレヴェイタァズ
We need elevators.
わたしたちはエレベーターが必要です。

せつめい

たずねる What do we need in our town?で、「わたしたちの町に何が必要ですか。」とたずねることができます。 **need**は「〜を必要とする」という意味です。

こたえる 答えるときは**We need 〜.**で、「わたしたちは〜が必要です。」となります。「〜」には、必要なものを入れます。

ききトリ 音声を聞き、英語の言葉を言いかえて、文を読んでみましょう。　トラック79〜80

What do we need in our town?

We need elevators.

いいかえよう 地域にあるものを表す英語

□sidewalks
（歩道）

□a skate park
（スケートボード場）

□street lights
（街灯）

□benches
（ベンチ）

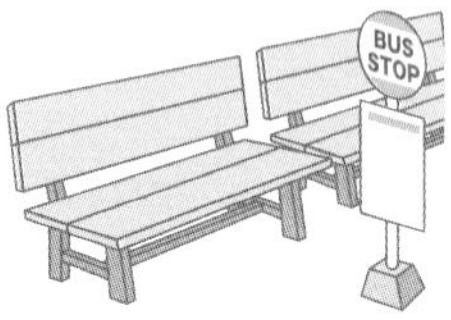

□a campsite
（キャンプ場）

□ramps
（傾斜路（スロープ））

□free Wi-Fi
（無料のWi-Fi）

□a bookstore
（書店）

□a big park
（大きな公園）

□escalators
（エスカレーター）

ワンポイント
街灯は街路（street）にある光（lights）なので、street lightsと表すよ。

これを知ったらワンダフル！
階段の横にあるようなななめになっている通路のことを、日本では「スロープ」と言うよ。英語ではrampと言うよ。英語と日本語で読み方がちがうので、注意しよう。

ぴったり 2

練習

学習日　　月　　日

ぴったりクイズ

答えはこのページの下にあるよ！

スケートボードをする場所はskate parkだけど、アイススケートをする場所は英語でなんと言うか分かるかな？

教科書 40～41 ページ

かきトリ 英語をなぞり、声に出してみましょう。

できたらチェック！ 書く 話す

□ベンチ
benches

□エレベーター
elevators

□傾斜路（スロープ）
ramps

□キャンプ場
a campsite

□歩道
sidewalks

□スケートボード場
a skate park

□街灯
street lights

□無料のWi-Fi
free Wi-Fi

□大きな公園
a big park

□わたしたちの町に何が必要ですか。
What do we need in our town?

□わたしたちはエレベーターが必要です。
We need elevators.

▶読み方がわからないときは、左ページにもどって音声を聞いてみましょう。

やりトリ 自分の住む地域に必要なものを書いて、声に出してみましょう。

できたらチェック！ 書く 話す

What do we need in our town?

We need ＿＿＿＿＿＿＿＿.

つたえるコツ

自分たちの住む地域に必要だと思うものをたずねられているので、今は地域にないものを答えるようにしよう。

▶あてはめる英語は、左のページや付録の小冊子、教科書や辞書などから探してみよう！

答える練習ができたら、次は誰かに質問してみよう！

ぴったりクイズの答え

スピードスケートやフィギュアスケートなど、アイススケートをする場所は英語でice rink［**ア**イス **リ**ンク］やskating rink［ス**ケ**イティング リンク］と言うよ。日本語では、スケートリンクと言うことが多いよ。

Unit 3
We need a big park in our town. ④

学習日　　月　　日

めあて
自分の住む地域(ちいき)をより良くするためのアイデアを伝えられるようになろう。

教科書 40～41 ページ

地域に必要なものとそれでできることの伝え方

ききトリ 音声を聞き、声に出してみましょう。 トラック81～82

ウィー　ニード　エレヴェイタァズ
We need elevators.
わたしたちはエレベーターが必要です。
ウィー　キャン　ムーヴ　イーズィリィ
We can move easily.
わたしたちは楽に動くことができます。

せつめい つたえる We need ～.(わたしたちは～が必要です。)に続けて、それがあったらできることを、We can ～.(わたしたちは～ができます。)で、説明しています。

ききトリ 音声を聞き、英語の言葉を言いかえて、文を読んでみましょう。 トラック83～84

We need elevators. We can **move easily**.

いいかえよう 動作を表す英語

□walk safely
(安全に歩く)

□have more fun
(もっと楽しむ)

□enjoy our weekends
(週末を楽しむ)

□read many books
(たくさんの本を読む)

□have a barbecue
(バーベキューをする)

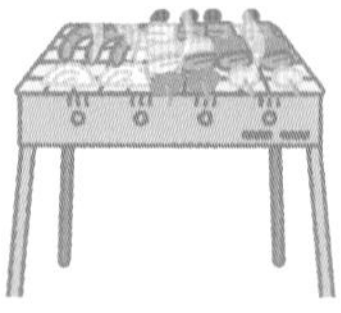

□use the station easily
(駅を楽に使う)

□buy books and comic books(本やマンガを買う)

ぴったり2
練習

学習日　月　日

?ぴったりクイズ　答えはこのページの下にあるよ！

エレベーター(elevator)は、主にアメリカで使われている英語で、イギリスではちがう言い方をするよ。それは何かわかるかな？

教科書　40〜41ページ

かきトリ　英語をなぞり、声に出してみましょう。

できたらチェック！　書く　話す

□たくさんの本を読む

read many books

□もっと楽しむ

have more fun

□安全に歩く

walk safely

□週末を楽しむ

enjoy our weekends

□駅を楽に使う

use the station easily

□バーベキューをする

have a barbecue

□わたしたちはエレベーターが必要です。

We need elevators.

□わたしたちは楽に動くことができます。

We can move easily.

ヒント

elevator のつづりに気をつけよう。

▶読み方がわからないときは、左ページにもどって音声を聞いてみましょう。

やりトリ　地域に必要なものとそれでできることを書いて、声に出してみましょう。

できたらチェック！　書く　話す

We need ______.

We can ______.

つたえるコツ

We can 〜. の文では、地域に必要だと思う気持ちが伝わるように、できるとうれしいことを言うようにしよう。

▶あてはめる英語は、左のページや付録の小冊子、教科書や辞書などから探してみよう！

練習ができたら、次は誰かに伝えてみよう！

ぴったりクイズの答え

イギリスでは、エレベーターのことをlift[リフト]と言うことが多いよ。
日本語では「リフト」はスキー場で雪山に登るための乗り物のことを言うよ。

ぴったり3

確かめのテスト

Unit 3 We need a big park in our town. ③～④

時間 30分

／100

合格 80点

教科書 40～41ページ　答え 9ページ

1 音声の内容に合う絵を、下の㋐～㋒から選び、(　　)に記号を書きましょう。

トラック85

技能　1問5点(10点)

㋐

㋑

㋒

(1) (　　　　)　(2) (　　　　)

2 音声を聞いて、内容に合う絵を線で結びましょう。

トラック86

1問15点(45点)

(1)

Mary

(2)

Tom

(3)

Emi

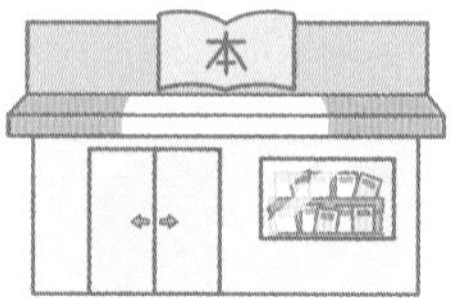

ふりかえり　❷が分からないときは、48, 50ページにもどって確認(かくにん)してみよう。

3 日本文に合う英語の文になるように、［　］の中から語を選び、［　］に書き、文全体をなぞりましょう。2回使う語もあります。文の最初の文字は大文字で書きましょう。

1つ5点(25点)

(1) わたしたちの町には何が必要ですか。

［　］ do we ［　］ in our town?

(2) わたしたちには大きな水族館が必要です。

We ［　］ a big ［　］.

(3) わたしたちはたくさんの魚や海の生き物を見ることができます。

We can ［　］ many fish
and sea animals.

aquarium　what　see　need

4 あなたは自分の住む地域についてスピーチをします。絵の内容に合うように、［　］の中から正しい英語を選んで(1)と(2)に書きましょう。

思考・判断・表現　1問10点(20点)

(1) We ［　］.

(2) We ［　］.

need free Wi-Fi　need elevators
can move easily　have more fun

この本の終わりにある「夏のチャレンジテスト」をやってみよう！

Unit 4 I went to the zoo. ①

🎯めあて
夏休みの感想やしたことのやりとりができるようになろう。

教科書 52〜53ページ

感想のたずね方／答え方

ききトリ 音声を聞き、声に出してみましょう。　トラック87〜88

ハウ ワズ ユア サマァ ヴェイケイション
How was your summer vacation?
あなたの夏休みはどうでしたか。

イット ワズ グレイト
It was great.
すばらしかったです。

せつめい
たずねる　How was ～?で、「～はどうでしたか。」とたずねることができます。「～」には、感想を聞きたいものや出来事が入ります。
こたえる　答えるときは、It was ～.で、「(それは)～でした[～たです]。」となります。「～」には、気持ちを表す言葉が入ります。

ききトリ 音声を聞き、英語の言葉を言いかえて、文を読んでみましょう。　トラック89〜90

How was your summer vacation?

It was **great** .

いいかえよう　気持ちを表す英語

□exciting
(わくわくさせる)

□fun
(楽しい)

□good
(よい)

□wonderful
(すばらしい)

□boring
(たいくつな)

□nice
(すてきな)

ワンポイント
nice(すてきな)は、「楽しい」「よい」「おいしい」「すばらしい」「うれしい」などの意味を表すこともできるよ。便利な英語だね。

これを知ったらワンダフル!
It was ～ . の It は「それは」という意味の英語で、ここでは前の文のyour summer vacationのことをさしているよ。

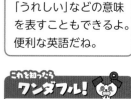

ぴったり2
練習

学習日　　月　　日

ぴったりクイズ 答えはこのページの下にあるよ！

夏休みをsummer vacationと表すけど、別の「休み」を表す英語を知っているかな？

教科書 52～53ページ

かきトリ 英語をなぞり、声に出してみましょう。

できたらチェック！ 書く 話す

□すてきな nice

□たいくつな boring

□すばらしい wonderful

□すばらしい great

□よい good

□楽しい fun

□わくわくさせる exciting

ヒント
summer の u は「ア」、vacation の a は「エイ」、great の ea は「エイ」と発音することに注意しよう。

□あなたの夏休みはどうでしたか。
How was your summer vacation?

□(それは)すばらしかったです。
It was great.

▶読み方がわからないときは、左ページにもどって音声を聞いてみましょう。

やりトリ 夏休みの感想を書いて、声に出してみましょう。

できたらチェック！ 書く 話す

How was your summer vacation?

It was ＿＿＿＿＿＿.

つたえるコツ
感想を伝える言葉を強くはっきり言おう。
「すばらしい、すてきな」という意味を表すwonderful[**ワ**ンダフル]なども使ってみるといいね。

▶あてはめる英語は、左のページや付録の小冊子、教科書や辞書などから探してみよう！

答える練習ができたら、次は誰かに質問してみよう！

ぴったりクイズの答え
アメリカでは、長い休みをvacationと表すけど、祝日などの休みはholiday[**ハ**(ー)リデイ]と表すよ。

ぴったり1 準備

Unit 4 I went to the zoo. ②

学習日　　月　　日

めあて
夏休みの感想やしたことのやりとりができるようになろう。

教科書 52～53ページ

したことの伝え方

ききトリ 音声を聞き、声に出してみましょう。　トラック91～92

（アイ ウェント トゥー ザ ビーチ）
I went to the beach.
わたしは海辺へ行きました。

せつめい **つたえる** 自分がしたことを伝えるときは、**I went to ～.**で、「私は～へ行きました。」と表します。**went**は「行った」という意味です。「行く」は**go**でしたね。

ききトリ 音声を聞き、英語の言葉を言いかえて、文を読んでみましょう。　トラック93～94

I **went to the beach** .

いいかえよう 動作（したこと）を表す英語

- □ate watermelon（スイカを食べた）

- □saw a rainbow（にじを見た）
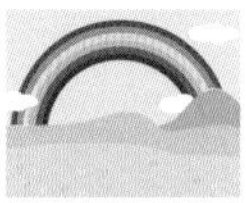
- □enjoyed swimming（泳ぐことを楽しんだ）

- □went to the swimming pool（プールへ行った）

- □ate shaved ice（かき氷を食べた）

- □saw fireworks（花火を見た）

- □enjoyed hiking（ハイキングを楽しんだ）

- □went to the aquarium（水族館へ行った）

- □enjoyed the summer festival（夏祭りを楽しんだ）

- □went to the lake（湖へ行った）
- □saw many beetles（たくさんのカブトムシを見た）
- □enjoyed fishing（つりを楽しんだ）

これを知ったらワンダフル！
「～を見る」はsee ～、「～を食べる」はeat ～、「～を楽しむ」はenjoy ～だったね。

これを知ったらワンダフル！
ate watermelon や ate shaved iceのように、ateの後ろに食べ物を入れて「～を食べた」を表すことができるよ。

ぴったり2
練習

学習日　　月　　日

?ぴったりクイズ　答えはこのページの下にあるよ！

「カブトムシ」の英語はbeetleだけど、「クワガタムシ」は英語で何て言うか分かるかな？

教科書　52〜53ページ

かきトリ　英語をなぞり、声に出してみましょう。

できたらチェック！　書く　話す

□プールに行った

went to the swimming pool

□にじを見た

saw a rainbow

□スイカを食べた

ate watermelon

□ハイキングをすること[泳ぐこと]を楽しんだ

enjoyed hiking [swimming]

□かき氷を食べた

ate shaved ice

□水族館に行った

went to the aquarium

□わたしは海辺へ行きました。

I went to the beach.

▶読み方がわからないときは、左ページにもどって音声を聞いてみましょう。

やりトリ　自分のしたことを書いて、声に出してみましょう。

できたらチェック！　書く　話す

I ＿＿＿＿＿＿＿＿.

つたえるコツ

自分のしたことを伝えるために、休みに行った場所や食べたものを思い出してみよう。「〜に行った」はwent to 〜で、「〜を食べた」はate 〜で表すよ。

▶あてはめる英語は、左のページや付録の小冊子、教科書や辞書などから探してみよう！

練習ができたら、次は誰かに伝えてみよう！

ぴったりクイズの答え

「クワガタムシ」は、角(つの)の形がオスのシカ(stag)の角と似ていることからstag beetleと表すよ。カブトムシは角がサイ(rhinoceros)の角に似ていることから、rhinoceros beetleと言われることもあるんだよ。

確かめのテスト

Unit 4 I went to the zoo. ①～②

時間 30分

／100

合格 80点

教科書 52～53ページ　答え 10ページ

1 音声の内容に合う絵を、下の㋐～㋒から選び、（　　）に記号を書きましょう。

トラック95

技能　1問10点(20点)

㋐

㋑

㋒

(1)（　　　　）　(2)（　　　　）

2 音声を聞いて、内容に合う絵を線で結びましょう。

トラック96

1問10点(30点)

(1)

Momoka

(2)

Kevin

(3)

Hana

ふりかえり　❷が分からないときは、54, 56ページにもどって確認(かくにん)してみよう。

学習日　月　日

3 日本文に合う英語の文になるように、[　] の中から語を選び、[　] に書き、文全体をなぞりましょう。文の最初の文字は大文字で書きましょう。

1つ6点(30点)

(1) あなたの夏休みはどうでしたか。

[　] [　] your summer vacation?

(2) それはよかったです。

It was [　].

(3) わたしは海で泳ぐことを楽しみました。

I [　] [　]

in the sea.

enjoyed　how　good　was　swimming

4 男の子が夏休みにしたことをメモに書いています。絵の内容に合うように、[　] の中から正しい英語を選んで(1)と(2)に書きましょう。

思考・判断・表現　各文10点(20点)

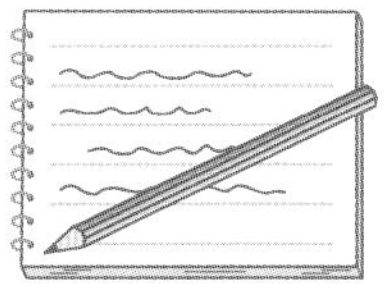

(1)

(2)

I enjoyed camping.　I enjoyed hiking.

I saw beautiful flowers.　I saw fireworks.

3分でまとめ

Unit 4
I went to the zoo. ③

学習日　月　日

めあて
自分の体験を伝えられるようになろう。

教科書 54～55ページ

きのうしたことのたずね方／答え方

ききトリ 音声を聞き、声に出してみましょう。 トラック97～98

(フ)ワット ディッド ユー ドゥー イエスタディ
What did you do yesterday?
あなたはきのう何をしましたか。

アイ プレイド テニス イエスタディ
I played tennis yesterday.
わたしはきのうテニスをしました。

せつめい
たずねる　What did you do ?で、「あなたは何をしましたか。」とたずねることができます。**do**の後ろに**yesterday**（きのう）などの時を表す言葉が入ります。
こたえる　答えは「わたしは～しました。」となり、I ～.で表します。答えるときも、時を表す言葉は最後に入ります。

ききトリ 音声を聞き、英語の言葉を言いかえて、文を読んでみましょう。 トラック99～102

What did you do yesterday？（あなたはきのう何をしましたか。）と聞かれたとき

I **played tennis** yesterday.

いいかえよう　動作（したこと）を表す英語

□bought some vegetables（いくつかの野菜を買った）

□made a pizza（ピザを作った）

□read a book（本を読んだ）

□read many manga（多くのまんがを読んだ）

これを知ったらワンダフル！
read（読む）［**リー**ド］→read（読んだ）［**レッ**ド］と、同じつづりでも発音が変わることに気をつけよう。

What did you do last weekend?（あなたは先週末に何をしましたか。）と聞かれたとき

I **bought shoes** on Sunday.

いいかえよう　動作（したこと）を表す英語

□played soccer（サッカーをした）

□made dinner（夕食を作った）

□watched a movie（映画を見た）

ワンポイント
先週末にしたことを答えるときは、最後にon Saturday（土曜日に）かon Sunday（日曜日に）を入れよう。last weekendをくり返して答えてもいいよ。

小冊子のp.12～15で、もっと言葉や表現を学ぼう！

ぴったり2

練習

学習日　　月　　日

?ぴったりクイズ 答えはこのページの下にあるよ！

weekendは「週末」を表す言葉だけど、「平日」を表す英語は何か分かるかな？

教科書 54～55ページ

かきトリ　英語をなぞり、声に出してみましょう。

できたらチェック！　書く □　話す □

□映画を見た

watched a movie

□サッカーをした

played soccer

□たくさんのまんがを読んだ

read many manga

□夕食を作った

made dinner

□あなたはきのう何をしましたか。

What did you do yesterday?

□わたしはきのうテニスをしました。

I played tennis yesterday.

□あなたは先週末に何をしましたか。

What did you do last weekend?

□わたしは日曜日にくつを買いました。

I bought shoes on Sunday.

▶読み方がわからないときは、左ページにもどって音声を聞いてみましょう。

やりトリ　自分がきのうしたことを書いて、声に出してみましょう。

できたらチェック！　書く □　話す □

What did you do yesterday?

I ＿＿＿＿＿＿＿＿＿＿＿＿ yesterday.

つたえるコツ

「すること」の動作を表す英語とのつづりや発音のちがいを区別して、きのうしたことを伝えられるように気をつけよう。

▶あてはめる英語は、左のページや付録の小冊子、教科書や辞書などから探してみよう！

答える練習ができたら、次は誰かに質問してみよう！

ぴったりクイズの答え

「平日」はweekday［**ウィ**ークデイ］だよ。ふつうは月曜日から金曜日のことをさすけど、最近は金曜日をweekendに入れることもあるようだよ。

Unit 4
I went to the zoo. ④

学習日　　月　　日

めあて
自分の体験を伝えられるようになろう。

教科書　54～55 ページ

したこととその感想の伝え方

ききトリ 音声を聞き、声に出してみましょう。　トラック103～104

アイ　プレイド　テニス　イエスタディ
I played tennis yesterday.
わたしはきのうテニスをしました。
イット　ワズ　イクサイティング
It was exciting.
それはわくわくしました。

せつめい **つたえる** 「わたしは～しました。」はI+(したこと)～.で表すのでしたね。それについての感想を言うときは、It was ～.(それは～でした[たです]。)で表します。～には、感想を伝える英語を入れます。

ききトリ 音声を聞き、英語の言葉を言いかえて、文を読んでみましょう。　トラック105～108

I **played tennis** yesterday.

いいかえよう したことを表す英語

□made a cake
(ケーキを作った)

□played the piano
(ピアノをひいた)

□watched TV
(テレビを見た)

□bought an eraser(消しゴムを買った)

It was **exciting** .

いいかえよう 感想を表す英語

□delicious
(とてもおいしい)

□great
(すばらしい)

□fun
(楽しい)

□good(よい)　□wonderful(すばらしい)　□nice(すてきな)

ワンポイント
yesterdayのほかに、on Saturday(土曜日に)やon Sunday(日曜日に)を使うこともあるよ。

これを知ったらワンダフル!
「ケーキを作った」はmade a cakeだけど、「ケーキを焼いた」を表すbaked(**ベ**イクト) a cakeも覚えておこう。「～を焼く」はbake(**ベ**イク)だよ。「クッキーを作った」made cookiesも同じ使い方ができるよ。

小冊子のp.10～13で、もっと言葉や表現を学ぼう！

ぴったり2

練習

学習日　　月　　日

ぴったりクイズ　答えはこのページの下にあるよ！

made(作った)という英語は身近なものによく書かれているよ。どのような意味で使われているか分かるかな？

教科書　54〜55 ページ

かきトリ　英語をなぞり、声に出してみましょう。

できたらチェック！　書く　話す

□とてもおいしい
delicious

□すばらしい
great

□よい
good

□テレビを見た
watched TV

□消しゴムを買った
bought an eraser

□ケーキを作った
made a cake

□ピアノをひいた
played the piano

□わたしはきのうテニスをしました。
I played tennis yesterday.

□それはわくわくしました。
It was exciting.

▶読み方がわからないときは、左ページにもどって音声を聞いてみましょう。

やりトリ　自分がきのうしたことの感想を書いて、声に出してみましょう。

できたらチェック！　書く　話す

I ________ yesterday.

It was ________.

▶あてはめる英語は、左のページや付録の小冊子、教科書や辞書などから探してみよう！

つたえるコツ

wasの後ろで気持ちをこめて伝えるようにしよう。うれしい気持ちは声を高くして言ってみよう。

練習ができたら、次は誰かに伝えてみよう！

ぴったりクイズの答え　服のタグなど、物のどこかにmade in ～と書かれていることがあり、～に書かれている国で作られたことを表しているよ。made in Japanを探してみよう。

ぴったり3

確かめのテスト

Unit 4
I went to the zoo. ③～④

時間 30 分

/100

合格 80 点

教科書 54～55 ページ　答え 11 ページ

1 音声の内容に合う絵を、下の㋐～㋒から選び、（　　）に記号を書きましょう。

トラック109

技能　1問10点(20点)

㋐ きのう

㋑ 日曜日

㋒ 土曜日

(1)（　　　　）　(2)（　　　　）

2 音声を聞いて、内容に合う絵を線で結びましょう。

トラック110

1問完答10点(30点)

(1)

Jiro

きのう

(2)

Riku

土曜日

(3)

Momoka

先週末

ふりかえり　❷が分からないときは、60ページにもどって確認(かくにん)してみよう。

学習日　　月　　日

3 日本文に合う英語の文になるように、［　　］の中から語を選び、［　　］に書き、文全体をなぞりましょう。文の最初の文字は大文字で書きましょう。

1つ6点(30点)

(1) あなたは先週末に何をしましたか。

[　　　] did you do last weekend?

(2) わたしは土曜日にサッカーの試合を見ました。

I [　　　] a soccer game

[　　] Saturday.

(3) それはわくわくしました。

[　　] [　　　] exciting.

what　was　watched　it　on

4 絵の内容に合うように、［　　］の 中から正しい英文を選んで(1)と(2)に書きましょう。

思考・判断・表現　各文10点(20点)

(1)

(2)

I played the guitar yesterday.　I played the piano yesterday.

It is fun.　It was fun.

Unit 5
This is my hero. ①

学習日　　月　　日

めあて
身近な人や好きな人物のとくちょうを言えるようになろう。

3分でまとめ

教科書 62～63ページ

身近な人や好きな人の職業の伝え方

ききトリ 音声を聞き、声に出してみましょう。　トラック111～112

ズィス　イズ　マイ　マザァ
This is my mother.
この人はわたしの母です。

シーズ　ア　ダ(ー)クタァ
She's a doctor.
彼女(かのじょ)は医者です。

せつめい つたえる This is my ～.で、「この人はわたしの～です。」と人をしょうかいしています。2つ目の文はShe's ～.(彼女は～です。)で、その人の職業を伝えています。男の人について伝える場合は、He's ～.で「彼(かれ)は～です。」となるのでしたね。

ききトリ 音声を聞き、英語の言葉を言いかえて、文を読んでみましょう。　トラック113～116

This is my **mother** .

いいかえよう 人を表す英語

□father
(父)

□grandfather
(祖父)

□grandmother
(祖母)

□uncle(おじ)　□aunt(おば)

ワンポイント
This is の後ろには、人の名前が入ることもあるよ。

She's a **doctor** .

いいかえよう 職業を表す英語

□teacher
(教師)

□vet
(獣医(じゅうい))

□nurse
(看護師(かんごし))

□farmer
(農家)

□carpenter
(大工)

□programmer
(プログラマー)

これを知ったらワンダフル!
She'sはShe isを短くした形だよ。どちらの形でも、まちがいではないよ。

小冊子のp.22～23で、もっと言葉や表現を学ぼう！

ぴったり2

練習

学習日　月　日

？ぴったりクイズ 答えはこのページの下にあるよ！

vet（獣医）は、実はある英語を短くした形なんだよ。もともとの形はどう言うか分かるかな？

教科書　62〜63ページ

かきトリ　英語をなぞり、声に出してみましょう。

できたらチェック！　書く　話す

□教師　a teacher

□わたしの父　my father

□わたしの祖父　my grandfather

□獣医　a vet

□わたしの母　my mother

□わたしの祖母　my grandmother

□看護師　a nurse

□大工　a carpenter

□プログラマー　a programmer

□農家　a farmer

□わたしのおじ　my uncle

□わたしのおば　my aunt

□この人はわたしの母です。　This is my mother.

□彼女は医者です。　She's a doctor.

▶読み方がわからないときは、左ページにもどって音声を聞いてみましょう。

やりトリ　身近な人とその人の職業を書いて、声に出してみましょう。

できたらチェック！　書く　話す

This is ＿＿＿＿＿＿.

She's[He's] ＿＿＿＿＿＿.

つたえるコツ

This is 〜.の文でしょうかいした人の性別で、HeとSheを使い分けよう。性別が分からないときはThey areを使おう。

▶あてはめる英語は、左のページや付録の小冊子、教科書や辞書などから探してみよう！

練習ができたら、次は誰かに伝えてみよう！

ぴったりクイズの答え　veterinarian[ヴェタリ**ナ**リアン]と言うよ。最初の３文字を取って、vetを表しているよ。

ぴったり1 準備

Unit 5 This is my hero. ②

学習日　月　日

めあて 身近な人や好きな人物のとくちょうを言えるようになろう。

教科書 62～63ページ

身近な人や好きな人のとくちょうの伝え方

ききトリ 音声を聞き、声に出してみましょう。　トラック117～118

This is my father.（ズィス イズ マイ ファザァ）　**He's smart.**（ヒーズ スマート）

この人はわたしの父です。　彼（かれ）は頭がいいです。

せつめい つたえる 〈This　is＋人.〉で、「この人は～です。」と人をしょうかいしています。２つ目の文は He's　～.（彼は～です。）で、その人のとくちょうを伝えています。女の人について伝える場合は、She's ～.で「彼女（かのじょ）は～です。」となるのでしたね。

ききトリ 音声を聞き、英語の言葉を言いかえて、文を読んでみましょう。　トラック119～122

This is my **father** .

いいかえよう 人を表す英語

□friend（友だち）

□sister（姉[妹]）

□brother（兄[弟]）

□cousin（いとこ）

ワンポイント This isの後ろには、人の名前が入ることもあるよ。

He's **smart** .

いいかえよう とくちょうを表す英語

□kind（親切な）

□funny（おもしろい）

□cheerful（陽気な）

□cool（かっこいい）　□creative（創造的（そうぞうてき）な）　□gentle（やさしい）

□friendly（親しみやすい）　□popular（人気のある）　□famous（有名な）

これを知ったらワンダフル！ He'sはHe isを短くした形だよ。どちらの形でも、まちがいではないよ。

ぴったり2
練習

学習日　月　日

?ぴったりクイズ 答えはこのページの下にあるよ！

音楽のジャンルにあるJ-POPのJはJapanese(日本の)を短くした形だよ。
では、POPはどんな英語のことか分かるかな？

教科書 62〜63ページ

かきトリ 英語をなぞり、声に出してみましょう。

できたらチェック！ 書く 話す

□わたしの兄[弟]
my brother

□わたしの姉[妹]
my sister

□わたしの友だち
my friend

□わたしのいとこ
my cousin

□かっこいい
cool

□創造的な
creative

□人気のある
popular

□陽気な
cheerful

□親切な
kind

□やさしい
gentle

□おもしろい
funny

□有名な
famous

□この人はわたしの父です。
This is my father.

□彼は頭がいいです。
He's smart.

▶読み方がわからないときは、左ページにもどって音声を聞いてみましょう。

やりトリ 身近な人とその人のとくちょうを書いて、声に出してみましょう。

できたらチェック！ 書く 話す

This is ______.

He's[She's] ______.

つたえるコツ

This is ～.の文でしょうかいした人の性別で、HeとSheを使い分けよう。性別が分からないときは、They areを使おう。

▶あてはめる英語は、左のページや付録の小冊子、教科書や辞書などから探してみよう！

練習ができたら、次は誰かに伝えてみよう！

ぴったりクイズの答え J-POPのPOPは、popular(人気のある)の最初の3文字を取ってできた言葉だよ。つまり、J-POPは、Japanese popular music(日本の人気のある音楽)という意味になるよ。

Unit 5 This is my hero. ③

学習日　　月　　日

めあて：あこがれの人について伝えられるようになろう。

教科書 64～65ページ

好きな人がしたことの伝え方

ききトリ 音声を聞き、声に出してみましょう。　トラック123～124

シーズ　ア　ナース
She's a nurse.
彼女(かのじょ)は看護師(かんごし)です。

シー　セイヴド　メニィ　ピープル
She saved many people.
彼女は多くの人を助けました。

せつめい **つたえる** She's ～. で「彼女は～です。」と職業を伝えてから、She～.（彼女は～しました。）と、したことを説明しています。男の人について伝える場合は、He「彼(かれ)は」で始めます。

ききトリ 音声を聞き、英語の言葉を言いかえて、文を読んでみましょう。　トラック125～128

She's **a nurse** .

いいかえよう 職業を表す英語

□an actor（俳優(はいゆう)）

□a musician（ミュージシャン、音楽家）

□a scientist（科学者）

□a movie director（映画監督）

□a writer（作家）

□a baseball player（野球選手）

ワンポイント
どちらの文も、Sheの部分をHeにかえて言うことができるよ。

She **saved many people** .

いいかえよう 動作（したこと）を表す英語

□performed well on TV（テレビで上手に演じた）
□won the Nobel Prize（ノーベル賞を受賞した）
□wrote many books（多くの本を書いた）
□created many songs（多くの曲を作った）
□created many movies（多くの映画を作った）
□played baseball very well（野球をとてもうまくプレーした）

これを知ったらワンダフル！
「演じる」は今回performが出てきたけど、playでも表すことができるよ。playは「（球技などを）プレーする」「（楽器などを）演奏する」など、いろいろな意味を表すんだよ。

▶ 小冊子のp.22～23で、もっと言葉や表現を学ぼう！

ぴったり2

練習

学習日　　月　　日

?ぴったりクイズ 答えはこのページの下にあるよ！

won the Nobel Prizeのwonは「(賞)をとった」という意味で、「(賞)をとる」という意味はwinと表すよ。winのよく使われる別の意味を知ってるかな？

教科書　64～65ページ

かきトリ　英語をなぞり、声に出してみましょう。

できたらチェック！　書く　話す

□野球選手
a baseball player

□ミュージシャン
a musician

□科学者
a scientist

□映画監督
a movie director

□俳優
an actor

□多くの本を書いた
wrote many books

□多くの曲を作った
create many songs

□彼女は看護師です。
She's a nurse.

□彼女は多くの人を助けました。
She saved many people.

▶読み方がわからないときは、左ページにもどって音声を聞いてみましょう。

やりトリ　好きな人の職業とその人がしたことを書いて、声に出してみましょう。

できたらチェック！　書く　話す

__________________.

__________________.

つたえるコツ

「～した」という動作を表す英語の形に注意して発音するようにしよう。

▶あてはめる英語は、左のページや付録の小冊子、教科書や辞書などから探してみよう！

練習ができたら、次は誰かに伝えてみよう！

ぴったりクイズの答え　winは「(試合など)に勝つ」という意味があるよ。「(賞)をとる」と、似た意味をもっているね。

ぴったり3

確かめのテスト

Unit 5 This is my hero. ①～③

時間 30 分

／100

合格 80 点

教科書 62～65 ページ　答え 12 ページ

1 音声の内容に合う絵を、下の㋐～㋒から選び、(　　)に記号を書きましょう。

トラック129

技能　1問10点(20点)

㋐

㋑

㋒

(1) (　　　　)　(2) (　　　　)

2 音声を聞いて、内容に合う絵を線で結びましょう。

トラック130

1問10点(30点)

(1) Sonoko Hayami

(2) May Walker

(3) Ken White

ふりかえり　2が分からないときは、68, 70ページにもどって確認してみよう。

3 日本文に合う英語の文になるように、　の中から語を選び、　に書き、文全体をなぞりましょう。２回使う語もあります。文の最初の文字は大文字で書きましょう。

1つ6点(30点)

(1) この人はわたしのおばです。

This is my ______.

(2) 彼女(かのじょ)は英語の先生です。

______ ______ English teacher.

(3) 彼女は人気者です。

______ ______.

she's　he's　popular　aunt　a　an

4 女の子が好きな人物について書いています。絵の内容に合うように、　の中から正しい英語を選んで(1)と(2)に書きましょう。

思考・判断・表現　各文10点(20点)

(1) ______

(2) He ______.

He's my hero.

He's a baseball player.　hit many home runs

He's a musician.　created many songs

Unit 6 My favorite memory is the school trip. ①

学習日　　月　　日

めあて
小学校の思い出を伝えることができるようになろう。

教科書　72～73ページ

思い出の学校行事のたずね方／答え方

ききトリ 音声を聞き、声に出してみましょう。　トラック131～132

(フ)ワッツ　ユア　フェイヴ(ァ)リット　メモリィ
What's your favorite memory?
あなたのお気に入りの思い出は何ですか。

イッツ　ザ　スクール　トゥリップ　イット　ワズ　ファン
It's the school trip. It was fun.
それは修学旅行です。　それは楽しかったです。

せつめい

たずねる お気に入りの思い出をたずねるときは、What's your favorite memory?で「あなたのお気に入りの思い出は何ですか。」と表します。

こたえる 「それは～です。」と答えるときは、It's ～. となります。それに続くIt was ～. は「それは～でした。」という意味で、お気に入りの思い出の感想を表しています。

ききトリ 音声を聞き、英語の言葉を言いかえて、文を読んでみましょう。　トラック133～136

What's your favorite memory?

It's the school trip .

いいかえよう 思い出の学校行事を表す英語

□school camp
（スクールキャンプ）

□swimming meet
（水泳大会）

□field trip
（遠足）

□music festival
（音楽祭）

□sports festival
（運動会）

□school marathon
（校内マラソン）

ワンポイント
What'sはWhat isを、It'sはIt isを短くした形だね。だけどIt wasは短くすることができないから気をつけよう。

It was fun .

いいかえよう 思い出の感想を表す英語

□great（すばらしい）
□exciting
（わくわくさせる）
□nice（すてきな）
□good（よい）
□amazing（すばらしい）
□wonderful（すばらしい）

これを知ったらワンダフル!
思い出の感想を伝えるときは、「～でした。」と表すので、It'sやIt isではなく、It wasとすることに注意しよう。

ぴったり2

練習

学習日　月　日

ぴったりクイズ 答えはこのページの下にあるよ！

アメリカの学校でよくある行事の1つに、「パジャマデー」というものがあるよ。どのような行事か知っているかな？

教科書 72～73ページ

かきトリ 英語をなぞり、声に出してみましょう。

できたらチェック！ 書く 話す

□遠足
the field trip

□スクールキャンプ
the school camp

□水泳大会
the swimming meet

□すばらしい
great

□運動会
the sports festival

□よい
good

□すてきな
nice

□音楽祭
the music festival

ヒント
favorite は favo のつづりに注意しよう。

□あなたのお気に入りの思い出は何ですか。
What's your favorite memory?

□それは修学旅行です。 それは楽しかったです。
It's the school trip. It was fun.

▶読み方がわからないときは、左ページにもどって音声を聞いてみましょう。

やりトリ 自分の思い出とその感想を書いて、声に出してみましょう。

できたらチェック！ 書く 話す

What's your favorite memory?

It's ________.

It was ________.

▶あてはめる英語は、左のページや付録の小冊子、教科書や辞書などから探してみよう！

つたえるコツ
1つ目の文では、思い出について答えて、2つ目の文では、その感想を伝えよう。特に、感想を伝えるときに、気持ちをこめて言ってみよう。

答える練習ができたら、次は誰かに質問してみよう！

ぴったりクイズの答え
Pajama Day(パジャマデー)とは、パジャマで学校に登校していい日のことだよ。国によって、定番の学校行事にもちがいがあるんだね。

ぴったり1 準備

Unit 6 My favorite memory is the school trip. ②

学習日 月 日

めあて 小学校の思い出を伝えることができるようになろう。

教科書 74～75ページ

思い出の学校行事の伝え方

ききトリ 音声を聞き、声に出してみましょう。 トラック137～138

マイ フェイヴ(ァ)リット メモリィ イズ ザ スクール トゥリップ

My favorite memory is the school trip.

わたしのお気に入りの思い出は修学旅行です。

せつめい つたえる 自分のお気に入りの思い出を伝えるときは、My favorite memory isで、「わたしのお気に入りの思い出は～です。」と表します。

ききトリ 音声を聞き、英語の言葉を言いかえて、文を読んでみましょう。 トラック139～140

My favorite memory is the **school trip** .

いいかえよう 思い出の学校行事を表す英語

□drama festival (演劇祭(えんげきさい))

□school marathon (校内マラソン)

□entrance ceremony (入学式)

□graduation ceremony (卒業式)

□chorus contest (合唱コンクール)

□sports festival (運動会)

ワンポイント

favoriteは「お気に入りの、大好きな」という意味だよ。つづり・発音に気をつけよう。

これを知ったらワンダフル!

entrance ceremony, graduation ceremonyにあるceremony［**セ**レモニィ］は「式、儀(ぎ)式(しき)」という意味だよ。opening ceremony(開会式)など、いろいろな「式」に使われるよ。

ぴったり2

練習

学習日　　月　　日

？ぴったりクイズ　答えはこのページの下にあるよ！

ceremonyは「式」を意味する英語だけど、wedding ceremonyは、何を表しているか分かるかな？

教科書　74～75ページ

かきトリ　英語をなぞり、声に出してみましょう。

できたらチェック！　書く　話す

□校内マラソン

the school marathon

□演劇祭

the drama festival

□入学式

the entrance ceremony

□卒業式

the graduation ceremony

□合唱コンクール

the chorus contest

□わたしのお気に入りの思い出は修学旅行です。

My favorite memory is the school trip.

ヒント

marathon の th のつづりに注意しよう。

▶読み方がわからないときは、左ページにもどって音声を聞いてみましょう。

やりトリ　自分のお気に入りの思い出を書いて、声に出してみましょう。

できたらチェック！　書く　話す

My favorite memory is ＿＿＿＿＿＿＿＿.

つたえるコツ

お気に入りの思い出の部分を、はっきり伝えるようにしよう。summer vacation（夏休み）など、学校外の思い出を言うこともできるよ。

▶あてはめる英語は、左のページや付録の小冊子、教科書や辞書などから探してみよう！

練習ができたら、次は誰かに伝えてみよう！

ぴったりクイズの答え　wedding ceremony［ウェディング セレモニィ］は「結婚式（けっこんしき）」という意味だよ。

学習日 月 日

Unit 6 My favorite memory is the school trip. ③

めあて
思い出の行事でしたことが言えるようになろう。

教科書 74～75ページ

思い出とそこでしたことの伝え方

ききトリ 音声を聞き、声に出してみましょう。 トラック141～142

マイ フェイヴ(ァ)リット メモリィ イズ ザ スクール トゥリップ
My favorite memory is the school trip.
わたしのお気に入りの思い出は修学旅行です。

アイ ボート スーヴェニアズ
I bought souvenirs.
わたしはおみやげを買いました。

せつめい つたえる 自分のお気に入りの思い出を伝えてから、そこでしたことについて「わたしは～をしました。」を〈I＋したこと .〉で説明しています。

ききトリ 音声を聞き、英語の言葉を言いかえて、文を読んでみましょう。 トラック143～144

My favorite memory is the school trip.
I **bought souvenirs** .

いいかえよう 動作(したこと)を表す英語

□enjoyed singing
(歌うことを楽しんだ)

□played the recorder
(リコーダーをふいた)

□made a costume
(衣しょうを作った)

□played Cinderella
(シンデレラを演じた)

□ran fast
(速く走った)

□saw many animals
(多くの動物を見た)

□made curry and rice
(カレーライスを作った)
□ate lunch
(昼食を食べた)

□enjoyed the campfire
(キャンプファイヤーを楽しんだ)
□saw Tokyo Skytree
(東京スカイツリーを見た)

□won first place
(1等賞を取った)
□bought cookies
(クッキーを買った)

ワンポイント
Tokyo Skytree や Cinderella など、この世に1つしかない建物や作品は、頭文字を大文字にしよう。

これを知ったらワンダフル!
「走る」はrunだけど、したことを表す「走った」は、ranと書くことに注意しよう。

小冊子のp.10～13で、もっと言葉や表現を学ぼう！

ぴったり2

練習

学習日　　月　　日

?ぴったりクイズ　答えはこのページの下にあるよ！

souvenir(お土産)は、もともとはどこの国の言語だったか知っているかな？

教科書　74～75 ページ

かきトリ　英語をなぞり、声に出してみましょう。

できたらチェック！　書く　話す

□昼食を食べた

ate lunch

□衣しょうを作った

made a costume

□速く走った

ran fast

□多くの動物を見た

saw many animals

□キャンプファイヤーを楽しんだ

enjoyed the campfire

□１等賞を取った

won first place

□歌うことを楽しんだ

enjoyed singing

□わたしのお気に入りの思い出は修学旅行です。

My favorite memory is the school trip.

□わたしはおみやげを買いました。

I bought souvenirs.

▶読み方がわからないときは、左ページにもどって音声を聞いてみましょう。

やりトリ　自分の思い出とそこでしたことを書いて、声に出してみましょう。

できたらチェック！　書く　話す

My favorite memory is ＿＿＿＿.

I ＿＿＿＿.

つたえるコツ

２つ目の文は、動作を表す英語の中でも、「したこと」を表す形にしよう。

▶あてはめる英語は、左のページや付録の小冊子、教科書や辞書などから探してみよう！

練習ができたら、次は誰かに伝えてみよう！

ぴったりクイズの答え　souvenirは、もともとはフランス語だったけど、そのまま英語としても使われているよ。manga(マンガ)のような、日本語がそのまま英語になった言葉と同じだね。

ぴったり3

確かめのテスト

Unit 6 My favorite memory is the school trip. ①〜③

時間 30 分

／100

合格 80 点

[教科書] 72〜75 ページ　[答え] 13 ページ

1 音声の内容に合う絵を、下の㋐〜㋒から選び、(　　　)に記号を書きましょう。

トラック145

技能　1問5点(10点)

㋐

㋑

㋒

(1) (　　　　)　(2) (　　　　)

2 音声を聞いて、内容に合う絵を線で結びましょう。

トラック146

1問完答15点(45点)

(1)

Taiga

(2)

Yuki

(3)

Jimmy

演劇祭	修学旅行	音楽祭	遠足

ふりかえり　**2**が分からないときは、76, 78ページにもどって確認(かくにん)してみよう。

学習日　　月　　日

3 日本文に合う英語の文になるように、[　]の中から語を選び、[　]に書き、文全体をなぞりましょう。

1つ5点(25点)

(1) あなたのお気に入りの思い出は何ですか。

What's your ＿＿＿ ＿＿＿?

(2) 運動会です。

It's the ＿＿＿ ＿＿＿.

(3) それはわくわくしました。

It was ＿＿＿.

festival　memory　exciting　sports　favorite

4 男の子が小学校の思い出を書いています。絵の内容に合うように、[　]の 中から正しい英語を選んで(1)と(2)に書きましょう。

思考・判断・表現　各文10点(20点)

(1) My favorite memory is ＿＿＿.

(2) ＿＿＿

the swimming meet　the school marathon

I enjoyed running.　I enjoyed swimming.

この本の終わりにある「冬のチャレンジテスト」をやってみよう!

ぴったり1 準備

3分でまとめ

Unit 7 I want to be a fashion designer. ①

学習日　　月　　日

めあて
将来の夢を伝えることができるようになろう。

教科書 84～85ページ

将来つきたい職業のたずね方／答え方

ききトリ 音声を聞き、声に出してみましょう。 トラック147～148

(フ)ワット ドゥー ユー ワ(ー)ント トゥー ビー
What do you want to be?
あなたは何になりたいですか。

アイ ワ(ー)ント トゥー ビー ア ヴェット
I want to be a vet.
わたしは獣医になりたいです。

せつめい
たずねる 「あなたは何になりたいですか。」と将来つきたい職業を聞くときは、What do you want to be ?で表します。
こたえる 答えは〈I want to be＋つきたい職業.〉で「わたしは～になりたいです。」を表します。

ききトリ 音声を聞き、英語の言葉を言いかえて、文を読んでみましょう。 トラック149～150

What do you want to be?

I want to be **a vet** .

いいかえよう 職業を表す英語

□an astronaut（宇宙飛行士）

□a dentist（歯医者）

□a doctor（医者）

□a nurse（看護師）

□a flight attendant（客室乗務員）

□a nursery school teacher（保育士）

□a voice actor（声優）

□a hairdresser（美容師）

□a baker（パン屋）

ワンポイント
beは、「～になる」という意味だよ。

これを知ったらワンダフル！
nursery school（保育園）は、nurseryの1語だけでも同じ意味を表すことができるよ。

小冊子のp.22～23で、もっと言葉や表現を学ぼう！

学習日　月　日

?ぴったりクイズ 答えはこのページの下にあるよ！

member of the Dietという職業は、何だか分かるかな？

教科書 84～85ページ

かきトリ 英語をなぞり、声に出してみましょう。

できたらチェック！ 書く 話す

□医者
a doctor

□客室乗務員
a flight attendant

□看護師
a nurse

□保育士
a nursery school teacher

□美容師
a hairdresser

□宇宙飛行士
an astronaut

□歯医者
a dentist

□声優
a voice actor

ヒント
doctor と actor は、o を書くことに注意しよう。

□あなたは何になりたいですか。
What do you want to be?

□わたしは獣医になりたいです。
I want to be a vet.

▶読み方が分からないときは、左ページにもどって音声を聞いてみましょう。

やりトリ 自分が将来つきたい職業を書いて、声に出してみましょう。

できたらチェック！ 書く 話す

What do you want to be?

I want to be ＿＿＿＿＿＿.

つたえるコツ
つきたい職業の前にaかanをつけることに注意しよう。

▶あてはめる英語は、左のページや付録の小冊子、教科書や辞書などから探してみよう！

答える練習ができたら、次は誰かに質問してみよう！

ぴったりクイズの答え member of the Dietは「国会議員」だよ。dietはthe Dietで「（日本などの）国会」を表すよ。食事制限のダイエットは、dietと小文字だよ。

学習日　月　日

Unit 7 I want to be a fashion designer. ②

めあて
将来の夢を伝えることができるようになろう。

教科書 86～87ページ

将来つきたい職業の伝え方とその理由のたずね方／答え方

ききトリ 音声を聞き、声に出してみましょう。　トラック151～152

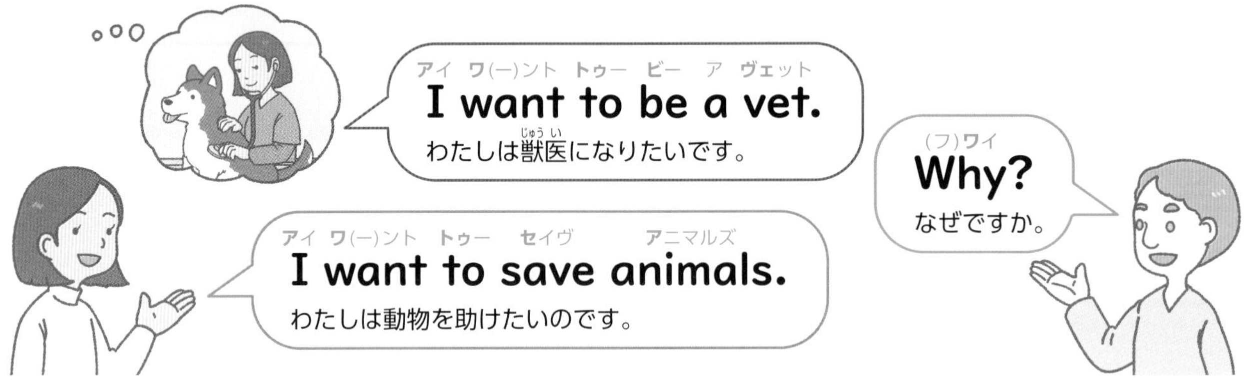

アイ ワ(ー)ント トゥー ビー ア ヴェット
I want to be a vet.
わたしは獣医になりたいです。
(フ)ワイ
Why?
なぜですか。
アイ ワ(ー)ント トゥー セイヴ アニマルズ
I want to save animals.
わたしは動物を助けたいのです。

せつめい
つたえる I want to be ～.で、「わたしは～になりたいです。」と表しています。ここでの「～」には、つきたい職業が入ります。
たずねる 理由をたずねたいときは、Why?(なぜですか。)と表します。
こたえる 今までに学んだ表現を使って、なりたい理由を答えましょう。

ききトリ 音声を聞き、英語の言葉を言いかえて、文を読んでみましょう。　トラック153～154

将来つきたい職業が獣医のときの理由

I want to be a vet.

Why?

I want to save animals.

いいかえよう
□I'm good at communicating with animals.
（わたしは動物とコミュニケーションを取るのが得意なのです。）
□I like animals very much.
（わたしは動物が大好きなのです。）

ワンポイント
理由を答える文として、I want to ～.(わたしは～したいです。)、I'm good at～.(わたしは～が得意です。)、I like ～.(わたしは～が好きです。)などを使って、伝えることができるよ。

これを知ったらワンダフル！
Why?に答える文で、Becauseという英語を使う表現があるよ。中学生になったらくわしく学ぼう。

ぴったり2

練習

学習日　月　日

?ぴったりクイズ 答えはこのページの下にあるよ！

会社員のことを意味する「サラリーマン」は、英語では何と表すか分かるかな？

教科書　86～87 ページ

かきトリ　英語をなぞり、声に出してみましょう。

できたらチェック！　書く　話す

□わたしは獣医になりたいです。

I want to be a vet.

□なぜですか。

Why?

□わたしは動物を助けたいのです。

I want to save animals.

□わたしは動物とコミュニケーションを取るのが得意なのです。

I'm good at communicating with animals.

□わたしは動物が大好きなのです。

I like animals very much.

▶読み方がわからないときは、左ページにもどって音声を聞いてみましょう。

やりトリ　将来つきたい職業とその理由を書いて、声に出してみましょう。

できたらチェック！　書く　話す

I want to be ______.

Why?

______.

▶あてはめる英語は、左のページや付録の小冊子、教科書や辞書などから探してみよう！

つたえるコツ

Why?のあとの理由を伝える文で困ったら、左ページで紹介したI want to ～.の文、I'm good at ～.の文、I like ～.の文を使ってみよう。

練習ができたら、次は誰かに伝えてみよう！

ぴったりクイズの答え　会社員は、英語でoffice workerや、businesspersonと表すことが多いよ。

Unit 7 I want to be a fashion designer. ③

学習日　　月　　日

めあて
将来(しょうらい)の夢を伝えることができるようになろう。

教科書 86～87ページ

将来つきたい職業とその理由の伝え方

ききトリ 音声を聞き、英語の言葉を言いかえて、文を読んでみましょう。 トラック155～158

将来つきたい職業がパン屋のときの理由

I want to be a baker.

Why?

I'm good at baking bread.

いいかえよう
- □I want to bake delicious bread.
  （わたしはおいしいパンを焼きたいのです。）
- □I like bread very much.
  （わたしはパンが大好きなのです。）

将来つきたい職業がミュージシャンのときの理由

I want to be a musician.

Why?

I like music very much.

いいかえよう
- □I always want to enjoy music.
  （わたしはいつも音楽を楽しみたいのです。）
- □I'm good at playing the guitar.
  （わたしはギターをひくことが得意なのです。）

ワンポイント
理由を答える文として、I want to ～.（わたしは～したいです。）、I'm good at～.（わたしは～が得意です。）、I like ～.（わたしは～が好きです。）などを使って、伝えることができるよ。

これを知ったらワンダフル！
musician（ミュージシャン）は、music（音楽）にianが付いて、音楽家という意味を表す英語となっているよ。ほかには、magician（マジシャン）も、magic（手品）にianが付いて、手品師という意味を表す英語となっているよ。

ぴったり2 練習

学習日　　月　　日

? ぴったりクイズ　答えはこのページの下にあるよ！

人気のある職業の一つである「スポーツ選手」は、英語で何と言うか分かるかな？

教科書　86～87ページ

かきトリ　英語をなぞり、声に出してみましょう。

できたらチェック！　書く　話す

□ミュージシャン

a musician

□パン屋

a baker

□わたしはパン屋になりたいです。

I want to be a baker.

□なぜですか。

Why?

□わたしはパンを焼くことが得意なのです。

I'm good at baking bread.

□わたしはミュージシャンになりたいです。

I want to be a musician.

□なぜですか。

Why?

□わたしは音楽が大好きなのです。

I like music very much.

▶読み方が分からないときは、左ページにもどって音声を聞いてみましょう。

やりトリ　きみならどう答える？　英語を書いて、声に出してみよう。

できたらチェック！　書く　話す

I want to be (blank).

Why?

(blank).

つたえるコツ

p.85で練習した文とはちがう形を使って、練習してみよう。

▶あてはめる英語は、左のページや付録の小冊子、教科書や辞書などから探してみよう！

練習ができたら、次は誰かに伝えてみよう！

ぴったりクイズの答え　スポーツ選手は、英語でathleteと言うよ。「野球選手」など、くわしく伝えるときは、baseball playerのように、スポーツ名とplayerを合わせて表すよ。

ぴったり3 確かめのテスト

Unit 7 I want to be a fashion designer. ①〜③

時間 30分　／100　合格 80点

教科書 84〜87ページ　答え 14ページ

1 音声の内容に合う絵を、下の㋐〜㋒から選び、(　　)に記号を書きましょう。

トラック159

技能　1問10点(20点)

㋐

㋑

㋒

(1) (　　　　)　(2) (　　　　)

2 音声を聞いて、内容に合う絵を線で結びましょう。

トラック160

1問10点(30点)

(1)

Taiga

(2)

Hana

(3)

Kevin

ふりかえり　❷が分からないときは、82, 84, 86ページにもどって確認(かくにん)してみよう。

学習日　月　日

3 日本文に合う英語の文になるように、[ ]の中から語を選び、＿＿に書き、文全体をなぞりましょう。２回使う語もあります。

1つ6点(30点)

(1) あなたは何になりたいですか。

What do you want to ＿＿＿?

(2) 〈(1)に答えて〉わたしはミュージシャンになりたいです。

I want to ＿＿＿ a ＿＿＿.

(3) 〈(2)に続けて〉わたしはいつも音楽を楽しみたいのです。

I always want to ＿＿＿ ＿＿＿.

musician　music　be　do　enjoy

4 男の子が自分の夢について書いています。絵の内容に合うように、[ ]の中から正しい英語を選んで、(1)にはつきたい職業を、(2)にはその理由を書きましょう。

思考・判断・表現　各文10点(20点)

(1) ＿＿＿＿＿＿

(2) ＿＿＿＿＿＿

I want to be a vet.　I want to be a dentist.

I want to save people.　I want to save animals.

ぴったり1 準備

Unit 8 I want to join the brass band. ①

3分でまとめ

学習日　　月　　日

めあて
中学生になったらやってみたいことを伝えることができるようになろう。

教科書 94～95ページ

やってみたい部活動のたずね方／答え方

ききトリ 音声を聞き、声に出してみましょう。　トラック161～162

(フ)ワット　クラヴ　ドゥー　ユー　ワ(ー)ント　トゥー　ヂョイン
What club do you want to join?
あなたは何の部活動に入りたいですか。

アイ　ワ(ー)ント　トゥー　ヂョイン　ザ　サ(ー)カァ　ティーム
I want to join the soccer team.
わたしはサッカー部に入りたいです。

せつめい
たずねる 「あなたは何の部活動に入りたいですか。」と聞くときはWhat club do you want to join? と表します。

こたえる 答えの「わたしは～に入りたいです。」は、I want to join～.で表します。～には部活動を表す言葉が入ります。

ききトリ 音声を聞き、英語の言葉を言いかえて、文を読んでみましょう。　トラック163～164

What club do you want to join?

I want to join the **soccer team**.

いいかえよう 部活動を表す英語

□art club（美術部）

□brass band（ブラスバンド、吹奏楽部(すいそうがく)）

□science club（科学部）

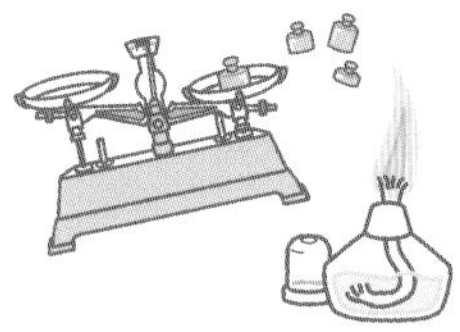

□swimming team（水泳部）

□table tennis team（卓球部）

□tennis team（テニス部）

□chorus（合唱部）　□*judo* club（柔道(じゅうどう)部）　□dance club（ダンス部）

ワンポイント
joinには、「～に加わる、参加する」といった意味があるため、ここでは「(部活動に)入る」と表しているよ。

これを知ったらワンダフル！
teamは目標を持った集まりを意味しているよ。そのため、スポーツの部活動を表す英語に対してよく使われているよ。

ぴったり2
練習

学習日　　月　　日

?ぴったりクイズ 答えはこのページの下にあるよ！

brass band(吹奏楽部)のbrassは、何という意味か知っているかな？

教科書 94〜95ページ

がきトリ 英語をなぞり、声に出してみましょう。

できたらチェック！ 書く □ 話す □

□テニス部
the tennis team

□美術部
the art club

□水泳部
the swimming team

□合唱部
the chorus

□科学部
the science club

□柔道(じゅうどう)部
the judo club

□サッカー部
the soccer team

□ブラスバンド、吹奏楽部
the brass band

□あなたは何の部活動に入りたいですか。
What club do you want to join?

□わたしはサッカー部に入りたいです。
I want to join the soccer team.

▶読み方が分からないときは、左ページにもどって音声を聞いてみましょう。

やりトリ 自分が入ってみたい部活動を書いて、声に出してみましょう。

できたらチェック！ 書く □ 話す □

What club do you want to join?

I want to join ______.

つたえるコツ

答えを聞いたあとは、That's great!(それはすばらしいですね！)などと伝えて、楽しく会話することをイメージしてみよう。

▶あてはめる英語は、左のページや付録の小冊子、教科書や辞書などから探してみよう！

答える練習ができたら、次は誰かに質問してみよう！

ぴったりクイズの答え brass は、「真ちゅう」という意味だよ。これは楽器の素材にも使われる金属なので、ここでは「金管楽器」という意味を表しているよ。

Unit 8 I want to join the brass band. ②

学習日　　月　　日

めあて
中学生になったらやってみたいことを伝えることができるようになろう。

教科書 96～97ページ

中学校でやってみたいことのたずね方／答え方

ききトリ 音声を聞き、声に出してみましょう。　トラック165～166

(フ)ワット　ドゥー　ユー　ワ(ー)ント　トゥー　ドゥー　イン　ヂューニャ　ハイ　スクール
What do you want to do in junior high school?
あなたは中学校で何をしたいですか。

アイ　ワ(ー)ント　トゥー　スタディ　イングリッシ　ハード
I want to study English hard.
わたしは一生けんめい英語を勉強したいです。

せつめい

たずねる したいことが何かをたずねるときは、What do you want to do in junior high school?「あなたは中学校で何をしたいですか。」と表します。doの後ろには、in junior high school「中学校で」が続いています。

こたえる 答えるときは、I want to ～.で、「わたしは～をしたいです。」と表します。

ききトリ 音声を聞き、英語の言葉を言いかえて、文を読んでみましょう。　トラック167～168

What do you want to do in junior high school?

I want to **study English hard**.

いいかえよう 動作を表す英語

□ attend Career Day
（職業体験に参加する）

□do volunteer work
（ボランティア活動をする）

□go on a field trip
（校外見学に行く）

□make many friends
（たくさんの友だちをつくる）

□sing in the chorus contest
（合唱コンクールで歌う）

□wear the school uniform
（学生服を着る）

ワンポイント
たずねる文にはdoが2つあるよ。2つ目のdoは、「する、行う」という意味で使われているよ。

これを知ったらワンダフル！
make many friendsのmanyは、「たくさんの」という意味を表しているよ。manyは数に対して使う言葉で、水などの量に対してはmuchという英語を使うよ。

ぴったり2

練習

学習日　　月　　日

ぴったりクイズ 答えはこのページの下にあるよ！

中学校は英語でjunior high schoolと表すけど、高校はどう表すか分かるかな？

教科書　96～97ページ

かきトリ　英語をなぞり、声に出してみましょう。

できたらチェック！　書く　話す

□学生服を着る

wear the school uniform

□ボランティア活動をする

do volunteer work

ヒント

volunteerのつづりに注意しよう。アクセントは、後ろを強く読むよ。

□合唱コンクールで歌う

sing in the chorus contest

□あなたは中学校で何をしたいですか。

What do you want to do in junior high school?

□わたしは英語を一生けんめい勉強したいです。

I want to study English hard.

▶読み方が分からないときは、左ページにもどって音声を聞いてみましょう。

やりトリ　自分が中学校でしたいことを書いて、声に出してみましょう。

できたらチェック！　書く　話す

What do you want to do in junior high school?

I want to ＿＿＿＿＿＿＿＿.

つたえるコツ

してみたいことが思いつかないときは、I want to join ～.（わたしは～部に入りたいです。）の文で、答える練習をしてみよう。

▶あてはめる英語は、左のページや付録の小冊子、教科書や辞書などから探してみよう！

答える練習ができたら、次は誰かに質問してみよう！

ぴったりクイズの答え　高校は英語で、high schoolと表すよ。junior high school（中学校）のjuniorが取れた形だよ。

Unit 8
I want to join the brass band. ①～②

時間 30 分

／100

合格 80 点

教科書 94～97 ページ　答え 15 ページ

1 音声の内容に合う絵を、下の㋐～㋒から選び、（　　）に記号を書きましょう。

トラック169

技能　1問10点(20点)

㋐

㋑

㋒

(1)（　　　　）　(2)（　　　　）

2 音声の内容に合う絵を線で結びましょう。

トラック170

1問10点(30点)

(1)

Yuki

(2)

Kevin

(3)

Emi

ふりかえり　❷が分からないときは、90，92ページにもどって確認(かくにん)してみよう。

3 日本文に合う英語の文になるように、[　]の中から語を選び、[　]に書き、文全体をなぞりましょう。

1つ6点(30点)

(1) あなたは中学校で何をしたいですか。

What do you want to [　　] in junior high school?

(2) 〈(1)に答えて〉わたしは一生けんめい勉強したいです。

I want to [　　] [　　].

(3) わたしは柔道(じゅうどう)部に入りたいです。

I want to [　　] the judo [　　].

join　hard　do　club　study

4 男の子が、入りたい部活動と、中学生になってやりたいことを書こうとしています。[　]の中から正しい英語を選んで(1)と(2)に書きましょう。

思考・判断・表現　各文10点(20点)

(1) ______________________________

(2) ______________________________

I want to join the brass band.　I want to join the chorus.

I want to sing with many people.　I want to play the drums.

この本の終わりにある「春のチャレンジテスト」をやってみよう！

この本の終わりにある「学力診断テスト」をやってみよう！

パズルにチャレンジ！

1 絵に合う英語を３つ見つけて○でかこみましょう。

s	l	r	e	p	y	s	k
z	f	u	q	m	l	a	s
b	a	n	e	b	a	l	x
t	v	y	w	d	e	a	c
g	b	m	z	r	i	d	t
u	s	o	c	c	e	r	a

2 絵に合う英語になるように、□にアルファベットを書きましょう。

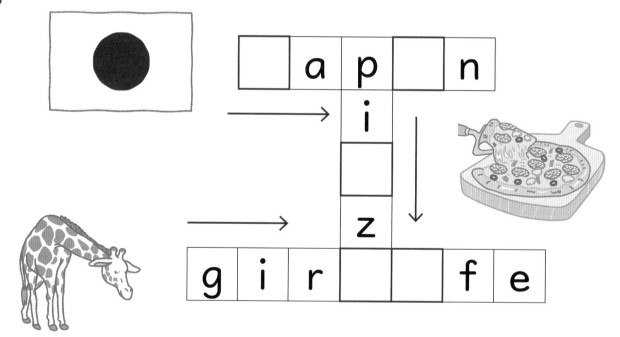

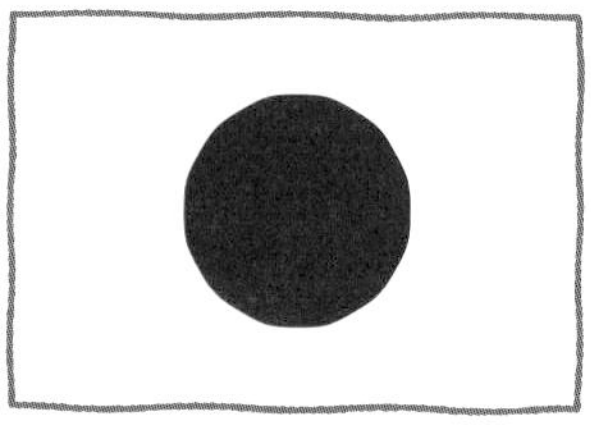

□ a p □ n

i

□

z

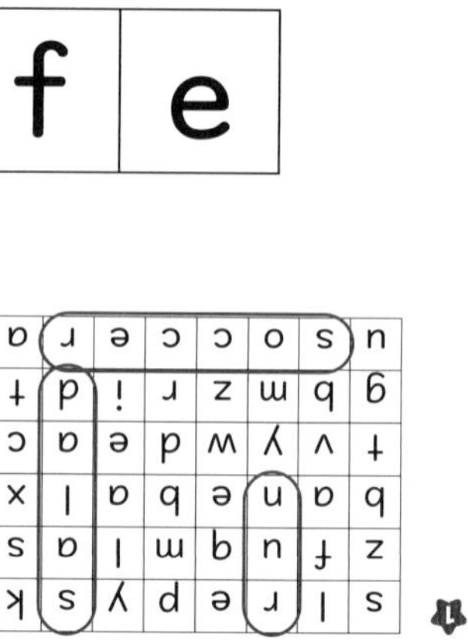

g i r □ □ f e

【こたえ】

1

s	l	r	e	p	y	s	k
z	f	u	q	m	l	a	s
b	a	n	e	b	a	l	x
t	v	y	w	d	e	a	c
g	b	m	z	r	i	d	t
u	s	o	c	c	e	r	a

2

J a p a n

i

z

z

a

g i r a f f e

スピーキングにチャレンジ

スピーキングアプリ　このマークがあるページで、アプリを使うよ！

はじめに

● この章は、ふろくの専用アプリ「ぴたトレスピーキング」を使用して学習します。以下のストアから「ぴたトレスピーキング」と検索、ダウンロードしてください。

Google Play で手に入れよう　App Store からダウンロード

● 学習する学年をえらんだら、以下のアクセスコードを入力してご利用ください。

675　※このアクセスコードは学年によって異なります。

● くわしい使い方は、アプリの中の「このアプリについて」をご確認ください。

アプリのせつめい

● このアプリでは、英語を話す練習ができます。

● 会話のときは、役になりきって、じっさいの会話のようにターンごとに練習することができます。

● スコアは「発音」「よくよう（アクセント）」をもとに判定されます。

スピーキング紙面のせつめい

単語の発音の練習をしましょう。

会話の練習をします。どちらか一方になったつもりで話してみましょう。一方が終わったら、もう一方のターンの練習もすることができます。

言いかえることのできる言葉を選んで、読んでみましょう。

※本サービスの内容により生じたトラブルや損害については、弊社では補償いたしかねます。また、お使いの端末や環境によっては、動作を保障できないものがあります。予めご了承の上、ご利用ください。
※本サービスは無料ですが、通信料・プロバイダ接続料はお客様負担となります。
※サービス内容等は予告なく変更することがございます。
●推奨環境　スマートフォン、タブレット等（iOS16以上/Android11以上）

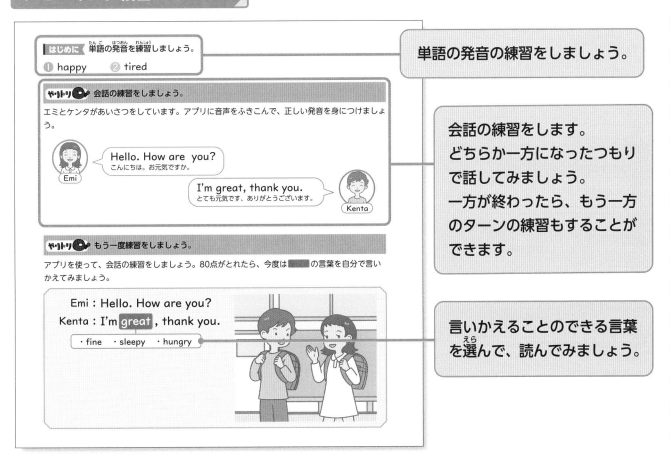

学習日　　月　　日

第1回　自分の大切なものについて言う

スピーキングアプリ

はじめに 単語の発音を練習しましょう。

1 fox　　2 xylophone　　3 box

ヤリトリ 会話の練習をしましょう。

エミとケンタがおたがいの宝物について話しています。アプリに音声をふきこんで、正しい発音を身につけましょう。

What is your treasure?
あなたの宝物はなんですか。

My treasure is this glove.
It’s from my mother.
わたしの宝物はこのグローブです。わたしのお母さんからのものです。

I see. Are you good at playing baseball?
なるほど。あなたは野球をするのが得意ですか。

Yes, I am.
はい、そうです。

ヤリトリ 発表の練習をしましょう。

教室で行われている発表について、エミになったつもりでアプリを使って練習してみましょう。80点がとれたら、今度は■の言葉を自分で言いかえてみましょう。

Hello, I’m Emi.

I’m from **Japan** .

・Korea　・the U.S.　・Kenya

My treasure is my **violin** .

・soccer ball　・shoes　・bat

I’m interested in **music** .

・soccer　・hiking　・baseball

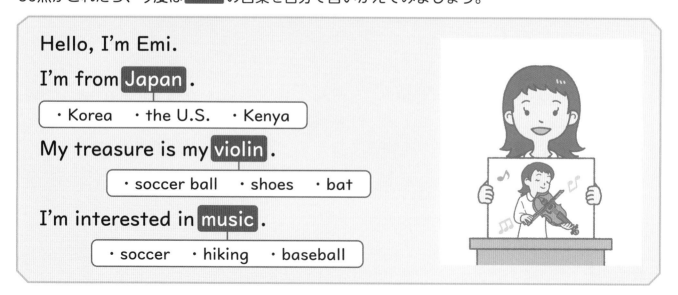

第2回 毎日の日課について言う

学習日　　月　　日

スピーキングアプリ

はじめに 単語の発音を練習しましょう。

① cards　② desks　③ boxes　④ special

やりトリ 会話の練習をしましょう。

エミとケンタがいつもの日課について話しています。アプリに音声をふきこんで、正しい発音を身につけましょう。

Emi

What time do you usually go to bed?
あなたはふだん何時にねますか。

Kenta

I usually go to bed at 9:00.
What do you do at 5:00?
わたしはふだん９時にねます。あなたは５時に何をしますか。

Emi

I usually walk my dog.
わたしはたいていイヌを散歩させます。

Kenta

Oh, that's good.
わあ、それはいいですね。

やりトリ 発表の練習をしましょう。

教室で行われている発表について、エミになったつもりでアプリを使って練習してみましょう。
80点がとれたら、今度は■の言葉を自分で言いかえてみましょう。

This is my daily schedule.

I always get up at **seven**.

・six　・seven thirty　・eight

I usually play tennis at **three**.

・one thirty　・five　・six

I **sometimes** go to bed at 9:30 p.m.

・always　・usually　・never

学習日　　月　　日

第3回 過去にしたこととその感想を伝える

スピーキングアプリ

はじめに 単語の発音を練習しましょう。

① favorite　② enjoyed　③ watched

やりトリ 会話の練習をしましょう。

エミとケンタが週末したことについて話しています。アプリに音声をふきこんで、正しい発音を身につけましょう。

Emi

How was your weekend?
週末はどうでしたか。

Kenta

It was great. I went to the beach.
とてもよかったです。わたしはビーチにいきました。

Emi

Sounds good!
いいですね！

Kenta

I enjoyed swimming.
泳ぐのを楽しみました。

やりトリ 発表の練習をしましょう。

教室で行われている発表について、エミになったつもりでアプリを使って練習してみましょう。
80点がとれたら、今度は■の言葉を自分で言いかえてみましょう。

I went to the **park** with my friends.

・restaurant　・department store　・aquarium

I **ate *takoyaki*** there.

・ate curry and rice　・enjoyed shopping　・saw fish

It was fun.

第4回 行きたい国とその理由を伝える

スピーキングアプリ

はじめに 単語の発音を練習しましょう。

① cool　② interesting　③ visit

やりトリ 会話の練習をしましょう。

エミとケンタが行きたい場所について話しています。アプリに音声をふきこんで、正しい発音を身につけましょう。

Where do you want to go?
あなたはどこにいきたいですか。

I want to go to Spain.
わたしはスペインに行きたいです。

Why?
なぜですか。

I can see soccer games.
わたしはサッカーの試合を見ることができます。

やりトリ 発表の練習をしましょう。

教室で行われている発表について、エミになったつもりでアプリを使って練習してみましょう。
80点がとれたら、今度は■の言葉を自分で言いかえてみましょう。

Let's go to **the U.S.**

・Australia　・Brazil　・France

You can visit **the statue of liberty**.

・the Sydney Opera House　・the Rio Carnival　・museums

It's **beautiful**.

・amazing　・exciting　・great

第5回 生き物について伝える

学習日　　月　　日

スピーキングアプリ

はじめに 単語の発音を練習しましょう。

1. whale　　2. owl　　3. ant

やりトリ 会話の練習をしましょう。

エミとケンタがライオンについて話しています。アプリに音声をふきこんで、正しい発音を身につけましょう。

Where do lions live?
ライオンはどこにすんでいますか。

Lions live in savanna.
ライオンはサバンナにすんでいます。

What do lions eat?
ライオンは何を食べますか。

Lions eat zebras.
ライオンはシマウマを食べます。

やりトリ 発表の練習をしましょう。

教室で行われている発表について、エミになったつもりでアプリを使って練習してみましょう。
80点がとれたら、今度は ■ の言葉を自分で言いかえてみましょう。

Bears live
・Polar bears　・Sea turtles　・Elephants

in the forests.
・on the ice　・in the sea　・in savanna

Forest loss is a big problem.
・Global warming　・Plastics　・Hunting

学習日　　月　　日

第6回 一番の思い出を伝える

スピーキングアプリ

はじめに 単語の発音を練習しましょう。

1 volunteer　　2 evacuation drill

やりトリ 会話の練習をしましょう。

エミとケンタが学校生活の一番の思い出について話しています。アプリに音声をふきこんで、正しい発音を身につけましょう。

Emi

What's your best memory?
あなたの一番の思い出はなんですか。

My best memory is our school trip.
We went to Hokkaido.
We ate delicious seafood.
わたしの一番の思い出は修学旅行です。
わたしたちは北海道に行きました。
わたしたちはおいしい海鮮料理をたべました。

Kenta

やりトリ 発表の練習をしましょう。

教室で行われている発表について、エミになったつもりでアプリを使って練習してみましょう。
80点がとれたら、今度は■の言葉を自分で言いかえてみましょう。

My best memory is our **chorus contest**.

・drama festival　・field trip　・school trip

We **sang songs**.

・played Kaguyahime　・went to a car factory　・saw Mt. Fuji

It was **great**.

・fun　・interesting　・beautiful

第7回 将来の夢を伝える

スピーキングアプリ

はじめに 単語の発音を練習しましょう。

1 journalist　　2 researcher　　3 astronaut

やりトリ 会話の練習をしましょう。

エミとケンタが中学で入りたい部活について話しています。アプリに音声をふきこんで、正しい発音を身につけましょう。

What club do you want to join?
あなたは何の部活にはいりたいですか。

I want to join the baseball team.
わたしは野球チームにはいりたいです。

What do you want to be?
あなたは将来何になりたいですか。

I want to be a baseball player.
わたしは野球選手になりたいです。

やりトリ 発表の練習をしましょう。

教室で行われている発表について、エミになったつもりでアプリを使って練習してみましょう。80点がとれたら、今度は■の言葉を自分で言いかえてみましょう。

I like **arts and crafts** .

・home economics　・music　・animals

I'm good at **drawing** .

・cooking　・singing　・science

I want to be **an artist** .

・a chef　・a singer　・a vet

3 音声を聞き、それぞれの自分の町にあったらいいと思うものとその理由を表す絵を結びましょう。

トラック173　1問完答で5点（15点）

(1)

Riku

(2)

Momoka

(3)

Jimmy

4 メニューを見ながら話しているEmmaとKaiの会話を聞いて、質問に日本語で答えましょう。

トラック174　1問5点（10点）

MENU

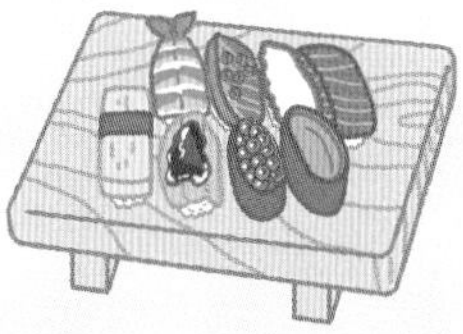

950円

900円

650円

850円

(1) Kaiの好きな食べ物はいくらですか。　（　　　　　）

(2) Emmaの好きな食べ物は何ですか。　（　　　　　）

うらにも問題があります。

5 絵を見て、その内容を示す英語を、[　　]の中から選んで[　　]に書きましょう。

1問5点（15点）

(1)

(2)

(3)

running　　August　　English

6 日本文に合うように、グレーの部分はなぞり、[　　]の中から英語を選び、[　　]に書きましょう。文の最初の文字は大文字で書きましょう。

1問完答で5点（15点）

(1) ようこそ日本へ。

＿＿＿＿ to Japan.

(2) わたしたちの町には体育館があります。

We ＿＿＿＿ a ＿＿＿＿ in our town.

(3) わたしたちはバスケットボールをすることができます。

We ＿＿＿＿ ＿＿＿＿ basketball.

play　　gym　　can　　welcome　　have

7 日本のものをしょうかいしましょう。グレーの部分はなぞり、[ ]の中から正しい英語を選んで[ ]に書きましょう。

1問5点(15点)

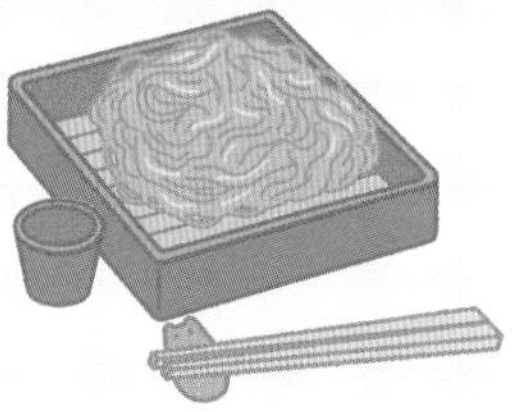

(1) This is [ ].

(2) It's [ ].

(3) This is *kabuki*.

It's [ ].

miso soup	delicious
soba	exciting

8 日本文に合うように、グレーの部分はなぞり、[ ]に英語を入れましょう。

1問5点(10点)

(1) わたしは泳ぐことが得意です。

I'm good at [ ].

(2) わたしのたんじょう日は7月2日です。

My birthday is [ ].

（切り取り線）

夏のチャレンジテスト

教科書 10～47ページ

月　　日

名前

時間 40分

知識・技能	思考・判断・表現	合格80点
/50	/50	/100

答え16～17ページ

知識・技能

1 音声の内容に合う絵を下から選び、(　　　)に記号を書きましょう。

トラック171　1問4点(8点)

㋐

Hana

㋑

Taiga

㋒

Hana

(1)(　　　　)　(2)(　　　　)

2 会話の内容に合う絵を下から選び、(　　　)に記号を書きましょう。

トラック172　1問4点(12点)

(1)

㋐

㋑

㋒

(2)

㋐ 8/13

㋑ 8/30

㋒ 9/20

(3)

㋐

㋑
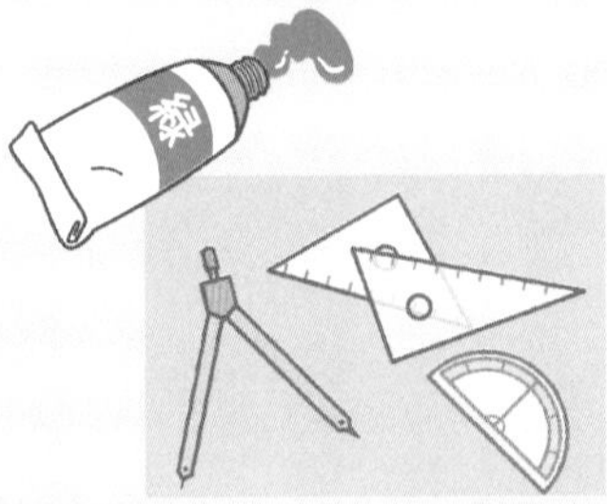

㋒

(1)(　　　　)　(2)(　　　　)　(3)(　　　　)

（切り取り線）

思考・判断・表現

3 音声を聞き、それぞれの小学校での１番の思い出とその理由を表す絵を結びましょう。

トラック177　1問完答で5点(15点)

(1) 
Yuki

(2) 
Kai

(3) 
Emma

・入学式・
・演劇祭（えんげきさい）・
・マラソン大会・
・校外見学・

4 Takumiが夏休みにしたことを発表するため、次のような絵をかきました。質問に日本語で答えましょう。

トラック178　1問5点(10点)

(1) Takumiはどこへ行きましたか。　(　　　　　)

(2) Takumiたちは夕食後、テレビで何を見ましたか。　(　　　　　)

うらにも問題があります。

5 絵を見て、その内容を示す英語を、□の中から選んで□に書きましょう。

1問5点（15点）

(1)

(2)

(3)

rainy　　lake　　mountain

6 日本文に合うように、グレーの部分はなぞり、□の中から英語を選び、□に書きましょう。

1問完答で5点（15点）

(1) わたしの夏休みは楽しかったです。

My summer vacation was ＿＿＿＿.

(2) わたしは１さつの英語の本を買いました。

I ＿＿＿＿ an ＿＿＿＿ book.

(3) わたしのお気に入りの学校の思い出は校外見学です。

My ＿＿＿＿ memory of school is the field ＿＿＿＿.

English　　trip　　fun　　favorite　　bought

7 絵の中の男の子になったつもりで(1)は質問に答え、(2)(3)は絵に合う英語になるよう、グレーの部分はなぞり、［　　］の中から正しい英語を選んで［　　］に書きましょう。

1問5点(15点)

大阪
↓
神戸

(1) What did you do last weekend?

I ＿＿＿＿＿＿＿＿ .

(2) I ＿＿＿＿＿＿＿＿ steak.

(3) It ＿＿＿＿＿＿＿＿ .

enjoyed eating　　was delicious
went to Kobe　　went to Osaka

8 日本文に合うように、グレーの部分はなぞり、［　　］に英語を入れましょう。

1問5点(10点)

(1) わたしはテレビを見ました。

I ＿＿＿＿＿＿＿＿ .

(2) きのうは晴れでした。

It was ＿＿＿＿＿＿＿＿ yesterday.

(切り取り線)

冬のチャレンジテスト

教科書 50〜81ページ

月　日

名前

時間 40分

知識・技能	思考・判断・表現	合格80点
/50	/50	/100

答え18〜19ページ

知識・技能

1 音声の内容に合う絵を下から選び、(　　)に記号を書きましょう。

トラック175　1問4点(8点)

㋐

㋑

㋒

(1)(　　　)　(2)(　　　)

2 会話の内容に合う絵を下から選び、(　　)に記号を書きましょう。

トラック176　1問4点(12点)

(1) ㋐

㋑

㋒

(2) ㋐

㋑

㋒

(3) ㋐

㋑

㋒
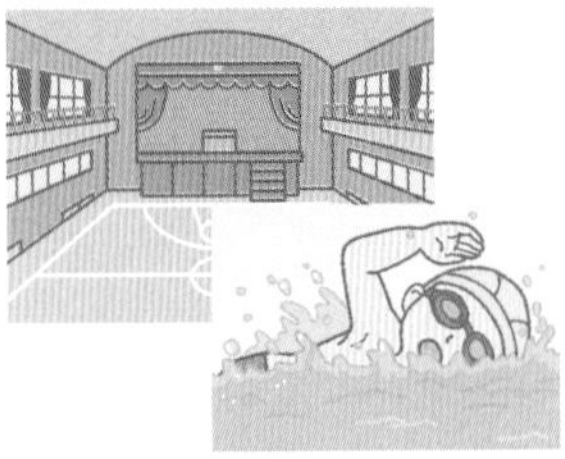

(1)(　　　)　(2)(　　　)　(3)(　　　)

（切り取り線）

3 音声を聞き、それぞれのつきたい職業とその理由を結びましょう。

トラック181　1問完答で5点(15点)

(1) 
Jimmy

(2) 
Emma

(3) 
Taiga

自分の兄のように、人を助けたい。

料理が上手

飛行機が大好き

算数が得意

4 下のポスターを見ながらMomokaの発表を聞き、質問に日本語で答えましょう。

トラック182　1問完答で5点(10点)

I want to be ...

BOYS	GIRLS
1. ______	1. ______
2. soccer player	2. nurse
3. doctor	3. doctor

(1)　1位～3位は何を表していますか。

(　　　　　　　　　　)

(2)　男子・女子の1位はそれぞれ何ですか。

男子→(　　　　　　)　女子→(　　　　　　)

うらにも問題があります。

知識・技能

5 絵を見て、その内容を示す英語を、［　］の中から選んで［　］に書きましょう。

1問5点(15点)

(1)

(2)

(3)

chorus　　moon　　teacher

6 日本文に合うように、グレーの部分はなぞり、［　］の中から英語を選び、［　］に書きましょう。文の最初の文字は大文字で書きましょう。

1問完答で5点(15点)

(1) あなたは中学校で何をしたいですか。

What do you want to ［　］ in ［　］ high school?

(2) なぜですか。

［　］?

(3) あなたは何のクラブに入りたいですか。

What ［　］ do you want to ［　］?

club　　do　　join　　junior　　why

7

絵の中の女の子になったつもりで、絵に合う英語になるよう、グレーの部分はなぞり、□の中から正しい英語を選んで□に書きましょう。 1問5点(15点)

音楽が好きで
上手に歌えます。

(1) I want to ＿＿＿＿.

(2) I ＿＿＿＿ very much.

(3) I ＿＿＿＿ well.

be a dentist	be a singer
can sing	like music

8

日本文に合うように、グレーの部分はなぞり、□に英語を入れましょう。

1問5点(10点)

(1) わたしは理科を勉強したいです。

I want to ＿＿＿＿.

(2) それはすばらしいですね！(grで始まることばを入れましょう)

That's ＿＿＿＿!

春のチャレンジテスト

教科書 82〜103ページ

月　日
名前

時間 40分

知識・技能	思考・判断・表現	合格80点
/50	/50	/100

答え20〜21ページ

知識・技能

1 音声の内容に合う絵を下から選び、(　　)に記号を書きましょう。

トラック179　1問4点(8点)

㋐

㋑

㋒

(1)(　　　)　(2)(　　　)

2 会話の内容に合う絵を下から選び、(　　)に記号を書きましょう。

トラック180　1問4点(12点)

(1)　㋐

㋑

㋒

(2)　㋐

㋑
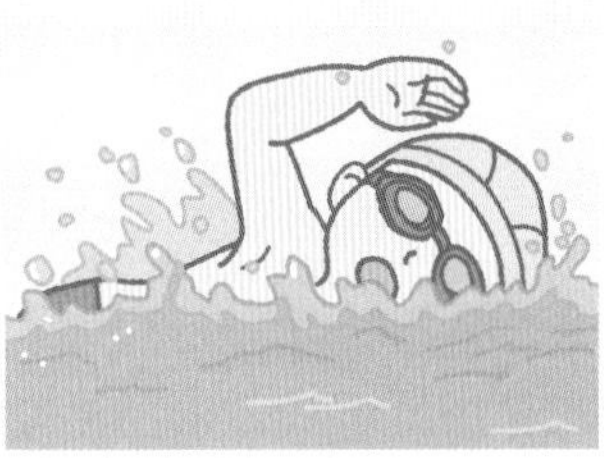
㋒

(3)　㋐

㋑

㋒

(1)(　　　)　(2)(　　　)　(3)(　　　)

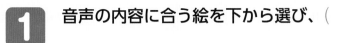

思考・判断・表現

3 音声を聞き、それぞれが中学生になったらしたいことを結びましょう。

トラック185　1問5点(15点)

(1) 
Sophie

(2) 
Jiro

(3) 
Sakura

4 下のグラフを見ながら女の子の発表を聞き、質問に日本語で答えましょう。

トラック186　1問5点(10点)

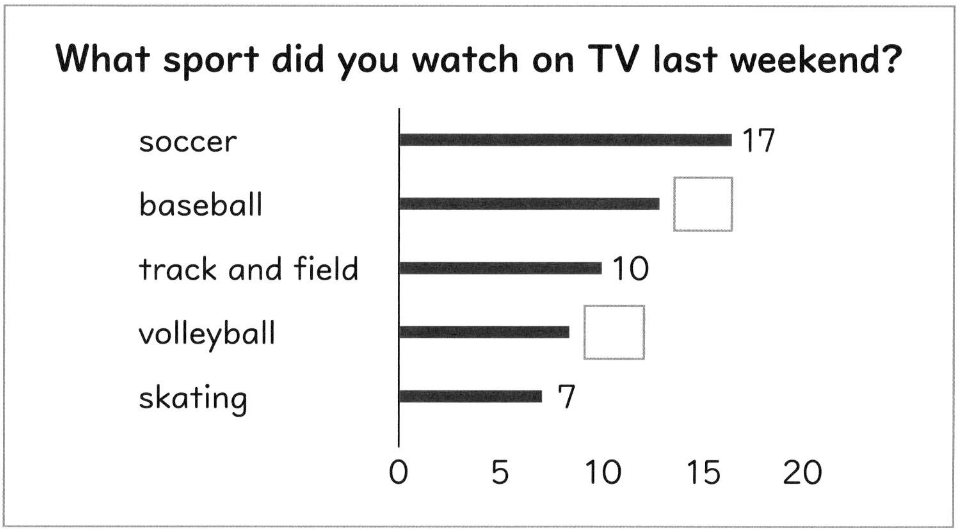

(1)　2位のbaseballは何人の生徒が見ましたか。　(　　　)

(2)　4位のvolleyballは何人の生徒が見ましたか。　(　　　)

うらにも問題があります。

5 絵を見て、その内容を示す英語を、［　］の中から選んで［　］に書きましょう。

1問5点（15点）

(1)

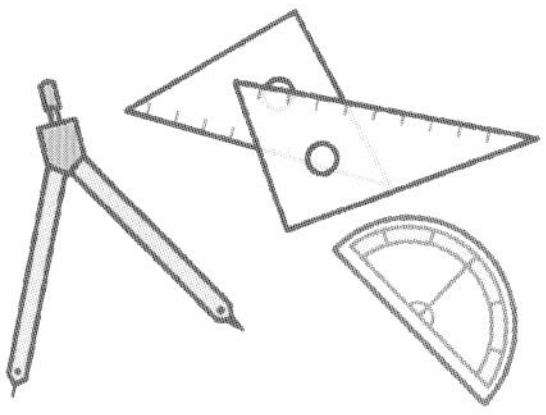

＿＿＿＿

(2)

＿＿＿＿

(3)

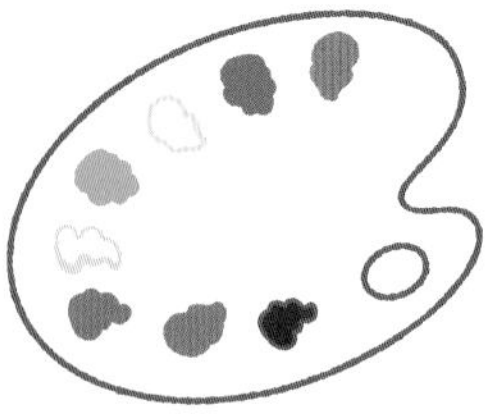

＿＿＿＿

soccer　　color　　math

6 日本文に合うように、グレーの部分はなぞり、［　］の中から英語を選び、［　］に書きましょう。

1問完答で5点（15点）

(1)　わたしはわたしたちの町に動物園がほしいです。

I ＿＿＿＿ a ＿＿＿＿ in our town.

(2)　あなたはきのう何をしましたか。

What ＿＿＿＿ you ＿＿＿＿ yesterday?

(3)　〈(2)に答えて〉　わたしはきのう横浜（よこはま）に行きました。

I ＿＿＿＿ to Yokohama yesterday.

did　　zoo　　want　　went　　do

7 絵の中の男の子になったつもりで、絵に合う英語になるよう、グレーの部分はなぞり、[　]の中から正しい英語を選んで[　]に書きましょう。 1問5点(15点)

(1) What is your favorite memory of school?

It's the ______.

(2) I ______.

(3) It was ______.

enjoyed acting　　wonderful
drama festival　　music festival

8 日本文に合うように、グレーの部分はなぞり、[　]に英語を入れましょう。

1問5点(10点)

(1) わたしは英語の先生になりたいです。

I want to ______.

(2) わたしは上手に泳ぐことができます。

I can ______.

6年
英語のまとめ

学力診断(しんだん)テスト

月　　日

名前

時間 40分

知識・技能	思考・判断・表現	合格80点
/50	/50	/100

答え22～23ページ

知識・技能

1 音声の内容に合う絵を下から選び、(　　)に記号を書きましょう。

トラック183　1問4点(8点)

㋐

なし

㋑

あり

㋒

あり

(1)(　　　)　(2)(　　　)

2 会話の内容に合う絵を下から選び、(　　)に記号を書きましょう。

トラック184　1問4点(12点)

(1) ㋐

㋑

㋒

(2) ㋐

㋑
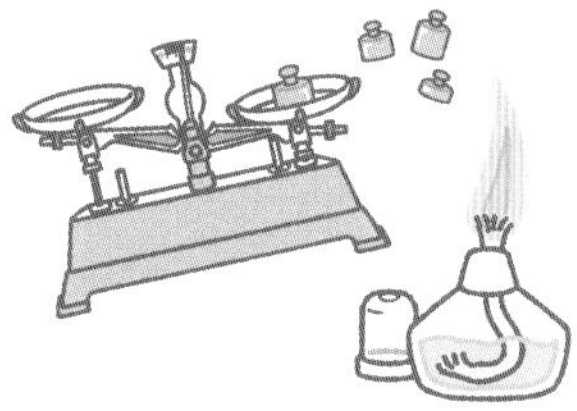
㋒

(3) ㋐

㋑

㋒

(1)(　　　)　(2)(　　　)　(3)(　　　)

教科書ぴったりトレーニング

丸つけラクラク解答

啓林館版
英語6年

この「丸つけラクラク解答」はとりはずしてお使いください。

「丸つけラクラク解答」では問題と同じ紙面に、赤字で答えを書いています。

①問題がとけたら、まずは答え合わせをしましょう。

②まちがえた問題やわからなかった問題は、てびきを読んだり、教科書を読み返したりしてもう一度見直しましょう。

おうちのかたへ では、次のようなものを示しています。

- 学習のねらいやポイント
- 他の学年や他の単元の学習内容とのつながり
- まちがいやすいことやつまずきやすいところ

お子様への説明や、学習内容の把握などにご活用ください。

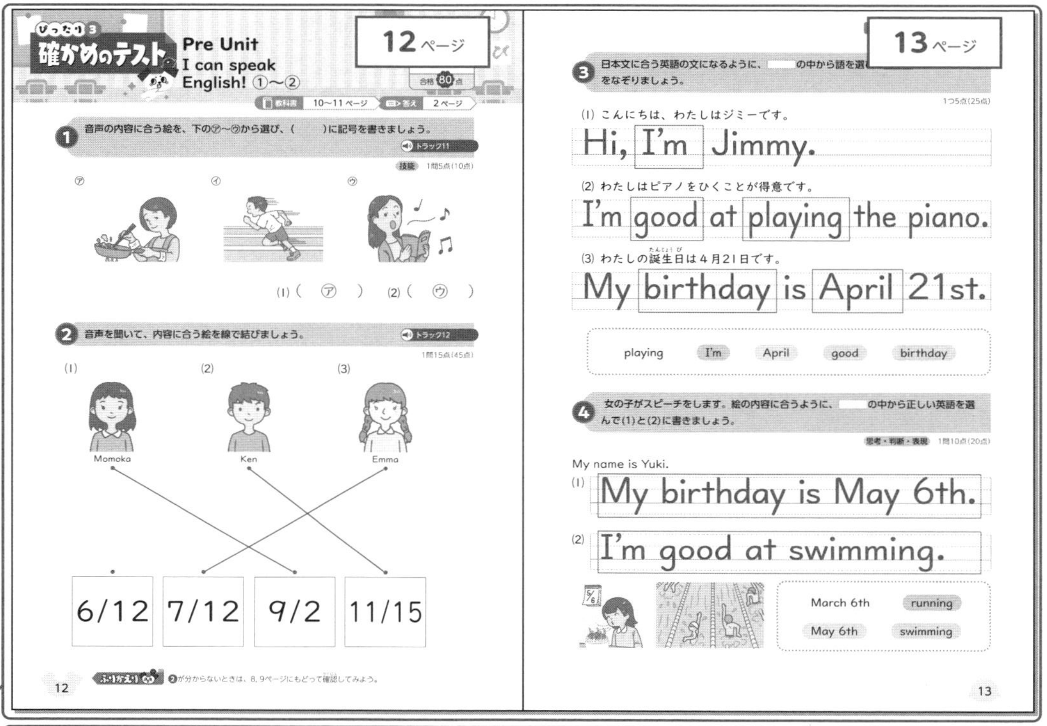

見やすい答え

くわしいてびき

❶ (1) I can cook well. は「わたしは上手に料理することができます。」という意味です。

(2) I'm good at singing. は「わたしは歌うことが得意です。」という意味です。

❷ それぞれの名前と誕生日を注意して聞き取りましょう。特に数字はしっかり聞くようにしましょう。

(1) September 2nd(second)は９月２日です。

(2) November 15th(fifteenth)は11月15日です。

(3) July 12th(twelfth)は7月12日です。

❸ (2)「わたしは～することが得意です。」は、I'm good at ～ing. で表します。

❹ (1) 日めくりの日付が5/6なので、ユキの誕生日はMay 6thとなります。

(2) 泳いでいる絵があるので、ユキが得意なのはswimming「泳ぐこと」です。

読まれる英語

❶ (1) I can cook well.

(2) I'm good at singing.

❷ (1)モモカ：I'm Momoka. My birthday is September 2nd.

(2)ケン：I'm Ken. My birthday is November 15th.

(3)エマ：I'm Emma. My birthday is July 12th.

おうちのかたへ

ここでは、5年生で学んだことをテストで確認しました。自己紹介をするための、あいさつと名前・誕生日・得意なことの伝え方がしっかり理解できているでしょうか。

お子さんに自己紹介をしてもらったら、おうちのかたもお子さんに向かって自己紹介をしてみてください。

読まれる英語

おうちのかたへ

※紙面はイメージです。

ぴったり3
確かめのテスト

Pre Unit
I can speak English! ①〜②

12ページ

合格80点　教科書 10〜11ページ　答え 2ページ

1 音声の内容に合う絵を、下の㋐〜㋒から選び、（　　）に記号を書きましょう。 トラック11

技能 1問5点(10点)

㋐ ㋑ ㋒

(1)（ ㋐ ）　(2)（ ㋒ ）

2 音声を聞いて、内容に合う絵を線で結びましょう。 トラック12

1問15点(45点)

(1) (2) (3)

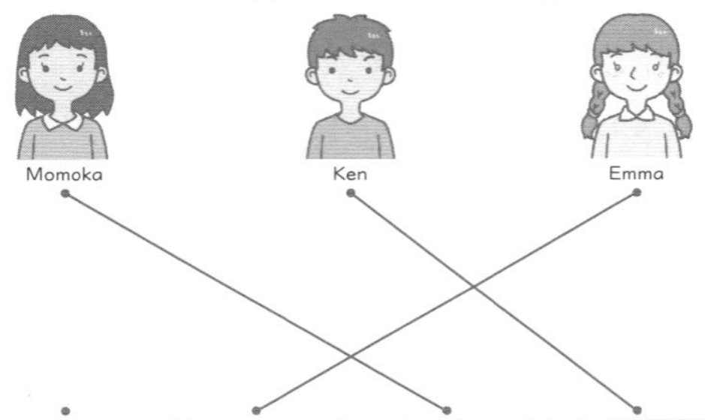

6/12　7/12　9/2　11/15

ふりかえり ②が分からないときは、8、9ページにもどって確認してみよう。

13ページ

3 日本文に合う英語の文になるように、　　の中から語を選び、をなぞりましょう。

1つ5点(25点)

(1) こんにちは、わたしはジミーです。

Hi, I'm Jimmy.

(2) わたしはピアノをひくことが得意です。

I'm good at playing the piano.

(3) わたしの誕生日は４月21日です。

My birthday is April 21st.

playing　I'm　April　good　birthday

4 女の子がスピーチをします。絵の内容に合うように、　　の中から正しい英語を選んで(1)と(2)に書きましょう。

思考・判断・表現 1問10点(20点)

My name is Yuki.

(1) My birthday is May 6th.

(2) I'm good at swimming.

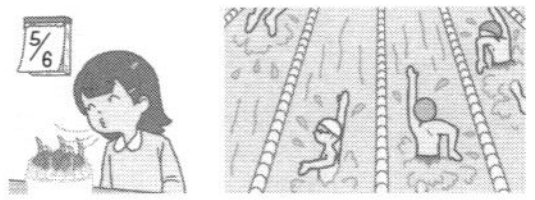

March 6th　running　May 6th　swimming

読まれる英語

1 (1) I can cook well.

(2) I'm good at singing.

2 (1)モモカ：I'm Momoka.　My birthday is September 2nd.

(2)ケン：I'm Ken.　My birthday is November 15th.

(3)エマ：I'm Emma.　My birthday is July 12th.

おうちのかたへ

ここでは、５年生で学んだことをテストで確認しました。自己紹介をするための、あいさつと名前・誕生日・得意なことの伝え方がしっかり理解できているでしょうか。

お子さんに自己紹介をしてもらったら、おうちのかたもお子さんに向かって自己紹介をしてみてください。

1 (1) I can cook well. は「わたしは上手に料理することができます。」という意味です。

(2) I'm good at singing. は「わたしは歌うことが得意です。」という意味です。

2 それぞれの名前と誕生日を注意して聞き取りましょう。特に数字はしっかり聞くようにしましょう。

(1) September 2nd(second)は９月２日です。

(2) November 15th(fifteenth)は11月15日です。

(3) July 12th(twelfth)は7月12日です。

3 (2)「わたしは〜することが得意です。」は、I'm good at 〜ing. で表します。

4 (1) 日めくりの日付が5/6なので、ユキの誕生日はMay 6thとなります。

(2) 泳いでいる絵があるので、ユキが得意なのはswimming「泳ぐこと」です。

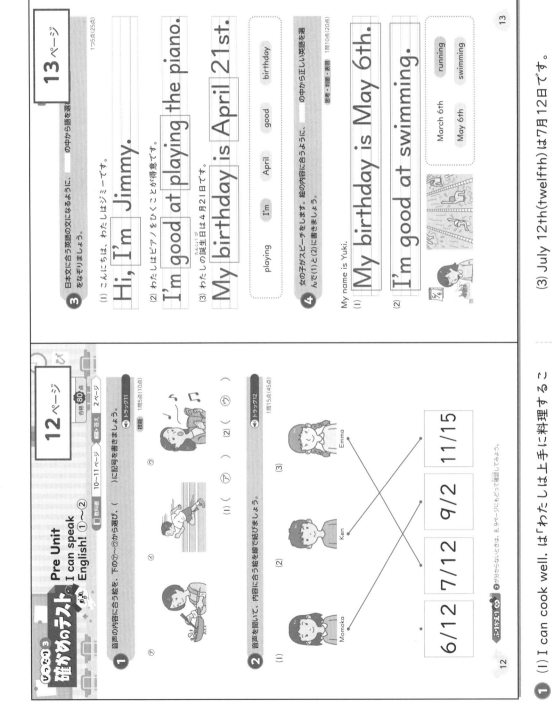

20ページ

ぴったり3 確かめのテスト Pre Unit I can speak English! ③～⑤

合格80点

教科書 10～13ページ　答え 3ページ

1 音声の内容に合う絵を、下の㋐～㋒から選び、(　　)に記号を書きましょう。　トラック27

技能　1問5点(10点)

(1)(㋒)　(2)(㋑)

2 音声を聞いて、内容に合う絵を線で結びましょう。　トラック28

1問15点(45点)

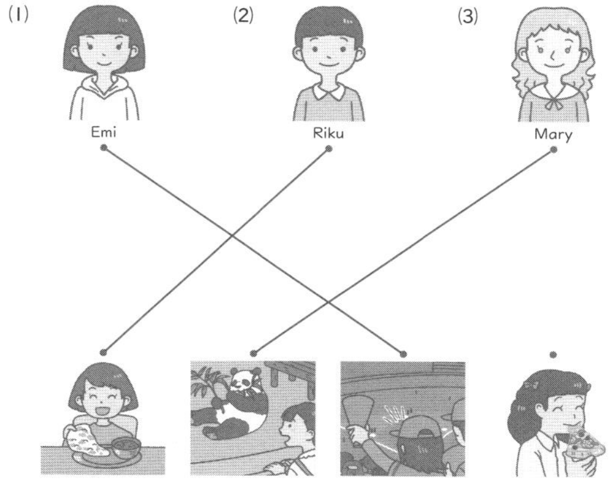

ふりかえり ②が分からないときは、16、17ページにもどって確認してみよう。

20

21ページ

3 日本文に合う英語の文になるように、　　の中から語を選んでなぞりましょう。文の最初の文字は大文字で書きましょう。

1つ5点(25点)

(1) この人はモモカです。

This is Momoka.

(2) 彼女(かのじょ)は陽気です。

She is cheerful.

(3) わたしはヒツジが好きです。

I like sheep.

like　she　sheep　this　cheerful

4 絵の内容に合うように、男の子をしょうかいしましょう。　　の中から正しい英語を選んで(1)と(2)に書きましょう。

思考・判断・表現　1問10点(20点)

This is my friend.

(1) He is Jiro.

(2) He is strong.

He is Jiro　She is Jiro　He is strong　She is strong

21

読まれる英語

1 (1)I want a new racket.

(2)I have science today.

2 (1)エミ：I'm Emi.　I want to watch baseball games.

(2)リク：I'm Riku.　I want to eat curry and rice.

(3)メアリー：I'm Mary.　I want to see pandas.

おうちのかたへ

引き続き5年生で学んだことをテストで確認しました。This is ～. とHe/Sheを用いて人を紹介したり、I want to ～. で自分の行きたい場所やしたいことを伝えたり、I like ～. / I have ～. / I want ～. を用いていろいろなことを伝えたりすることができているでしょうか。お子さんといっしょに今回学んだことを伝え合ってみてください。よい練習になります。

1 (1) I want ～. は「わたしは～がほしいです。」という意味です。

(2) I have ～ today. は「今日は～があります。」という意味です。

2 (1) エミは野球の試合を見たいと言っています。

(2) リクはカレーライスを食べたいと言っています。

(3) メアリーはパンダを見たいと言っています。

3 (1)「この人は～です。」はThis is ～.で表します。

(2)「彼女は」はSheです。

(3)「～が[を]好きです。」はlikeで表します。

4 (1) 男の子の名前はJiroなので、「彼はジロウです。」He is Jiro. としょうかいします。

(2)「彼は強いです。」はHe is strong.で表します。

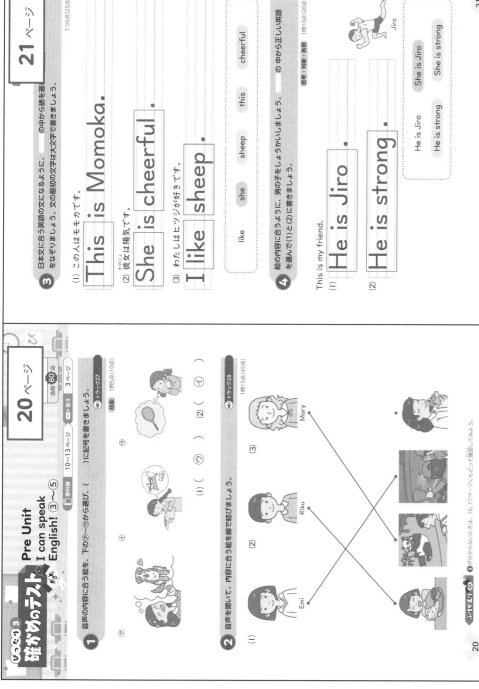

24ページ

ぴったり3 確かめのテスト Unit 1 I'm from Tokyo, Japan. ①

合格80点　教科書 16~17ページ　答え 4ページ

1 音声の内容に合う絵を、下の㋐~㋒から選び、(　　)に記号を書きましょう。　トラック35

技能　1問5点(10点)

㋐　㋑　㋒

(1) (㋑)　(2) (㋐)

2 音声を聞いて、内容に合う絵を線で結びましょう。　トラック36

1問完答15点(45点)

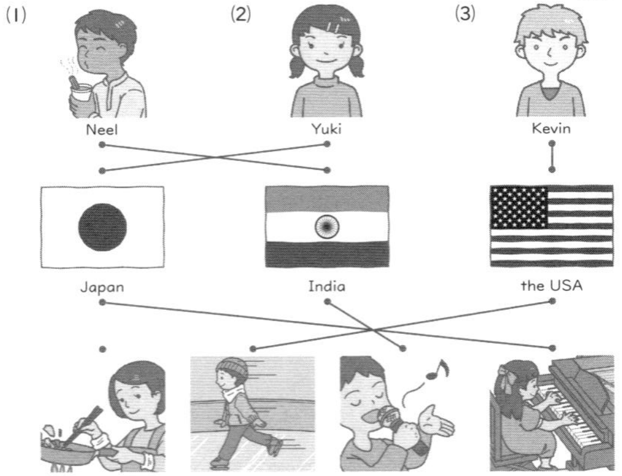

ふりかえり　②が分からないときは、22ページにもどって確認してみよう。

25ページ

3 日本文に合う英語の文になるように、　　の中から語を選び、をなぞりましょう。2回使う語もあります。

1つ5点(25点)

(1) わたしはケニアの出身です。

I'm from Kenya.

(2) わたしは泳ぐことが得意です。

I'm good at swimming.

(3) わたしはおどることが得意です。

I'm good at dancing.

swimming　from　dancing　good

4 男の子がスピーチをします。絵の内容に合うように、　　の中から正しい英語を選んで(1)と(2)に書きましょう。

思考・判断・表現　1問10点(20点)

Hi, I'm Bob.

(1) I'm from the UK.

(2) I'm good at skiing.

the UK　skiing　the USA　surfing

1 I'm good at ～. は「わたしは～することが得意です。」という意味です。(1)はcookingで「料理すること」、(2)はskiing「スキーをすること」です。

2 (1) ニールはインド出身で、歌うことが得意だと言っています。

(2) ユキは日本の福岡出身で、ピアノをひくことが得意だと言っています。

(3) ケビンはアメリカ出身で、スケートをすることが得意だと言っています。

3 (1)「わたしは～の出身です。」はI'm from ～.です。

(2)「泳ぐこと」はswimmingでmを重ねます。

(3)「おどること」はdancing です。

読まれる英語

1 (1)I'm good at cooking.

(2)I'm good at skiing.

2 (1)ニール：I'm Neel. I'm from India.
I'm good at singing.

(2)ユキ：I'm Yuki. I'm from Fukuoka, Japan.
I'm good at playing the piano.

(3)ケビン：I'm Kevin. I'm from the USA.
I'm good at skating.

おうちのかたへ

ここでは自己紹介をするために出身地と得意なことを伝えることを学びました。

また、いろいろな国の名前も出てきました。英語の発音がカタカナで示す国名とはだいぶ違うので、その違いを楽しみながら学ぶように導いてみてください。

そしてI'm from ～. とI'm good at ～. の形をいろいろな語を入れて、何度も言う練習をするようにしてください。

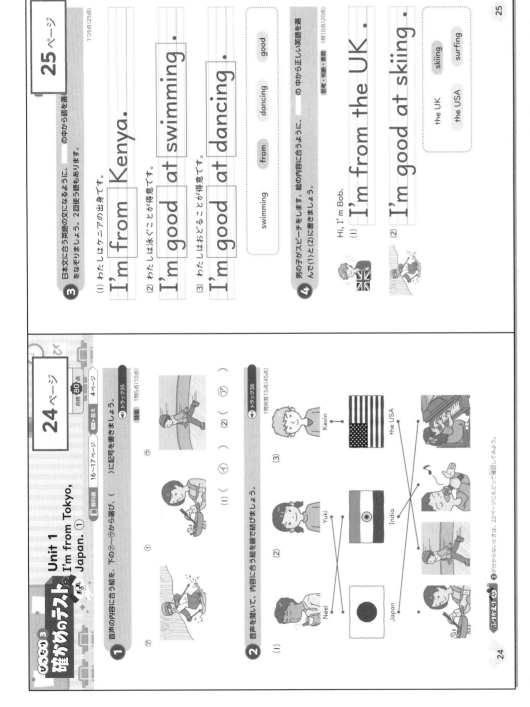

30ページ

ぴったり3 確かめのテスト Unit 1 I'm from Tokyo, Japan. ②〜③

合格 80 点

教科書 18〜19ページ 答え 5ページ

1 音声の内容に合う絵を、下の㋐〜㋒から選び、(　)に記号を書きましょう。 トラック49

技能 1問5点(10点)

(1) (㋒)　(2) (㋑)

2 音声を聞いて、内容に合う絵を線で結びましょう。 トラック50

1問15点(45点)

(1)　(2)　(3)

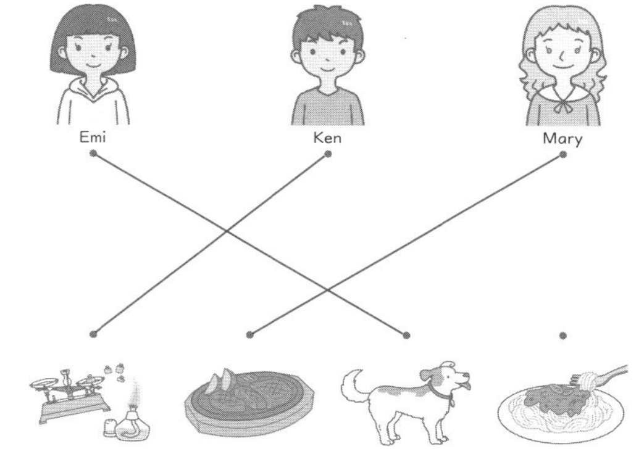

ふりかえり ②が分からないときは、26、28ページにもどって確認してみよう。

31ページ

3 日本文に合う英語の文になるように、[　]の中から語を選んでなぞりましょう。2回使う語もあります。文の最初の文字は大文字で書きましょう。

1つ5点(25点)

(1) わたしの好きな食べ物はチーズです。

My favorite food is cheese.

(2) あなたの好きな教科は何ですか。

What's your favorite subject?

(3) 〈(2)に答えて〉わたしの好きな教科は音楽です。

My favorite subject is music .

music　favorite　what's　food

4 男の子がスピーチをします。絵の内容に合うように、[　]の中から正しい英語を選んで(1)と(2)に書き、文全体をなぞりましょう。

思考・判断・表現 1問10点(20点)

My name is Koji.

(1) I'm good at cooking.

(2) My favorite color is yellow.

cooking　drawing　yellow　green

1 My favorite 〜 is ... . は「わたしの好きな〜は…です。」という意味です。(1)は好きな色が緑、(2)は好きな動物がネコと言っています。

2 (1) エミは好きな動物は何かを聞かれ、犬と答えています。

(2) ケンは好きな教科は何かを聞かれ、理科と答えています。

(3) メアリーが好きな食べ物はステーキだと言っています。

3 (1)「食べ物」はfoodです。

(2) What's your favorite 〜? は「あなたの好きな〜は何ですか。」という意味です。What'sはWhat isを短くした形です。「教科」はsubjectです。

4 (1) I'm good at 〜. は「わたしは〜が得意です。」という意味です。

読まれる英語

1 (1) My favorite color is green.

(2) My favorite animal is a cat.

2 (1) 男の子：Emi, what's your favorite animal?

エミ：My favorite animal is a dog.

(2) 女の子：What's your favorite subject, Ken?

ケン：My favorite subject is science.

(3) メアリー：I'm Mary. My favorite food is steak.

おうちのかたへ

ここでは好きなスポーツ、動物、色、食べ物についてのやりとりを学びました。

お子さんにWhat's your favorite 〜? でそれぞれのジャンルの好きなものを聞いてみてください。お子さんからも質問してもらい、おうちのかたが答えるという練習も、効果的です。

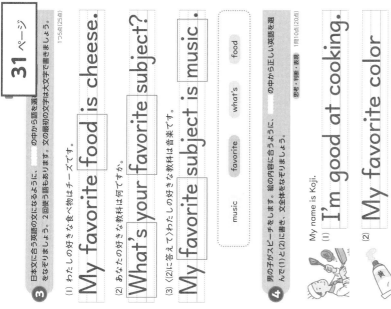

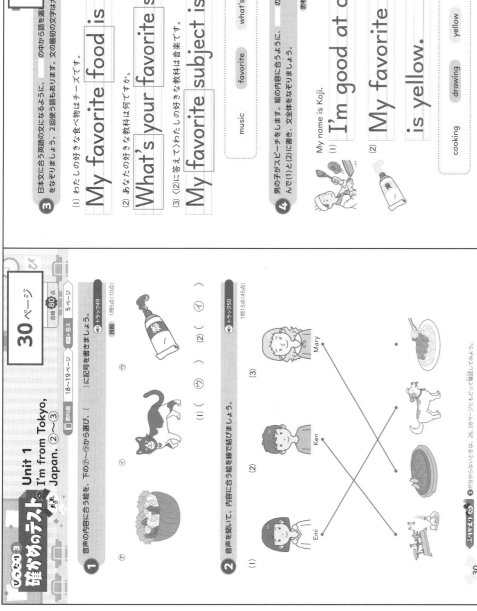

36ページ

ぴったり3 確かめのテスト

Unit 2
Welcome to Japan. ①

合格80点

教科書 28〜29ページ　答え 6ページ

1 音声の内容に合う絵を、下の㋐〜㋒から選び、（　　）に記号を書きましょう。　トラック59

技能　1問5点(10点)

(1)（ ㋐ ）　(2)（ ㋒ ）

2 音声を聞いて、内容に合う絵を線で結びましょう。　トラック60

1問完答15点(45点)

(1)　(2)　(3)

春　夏　秋　冬

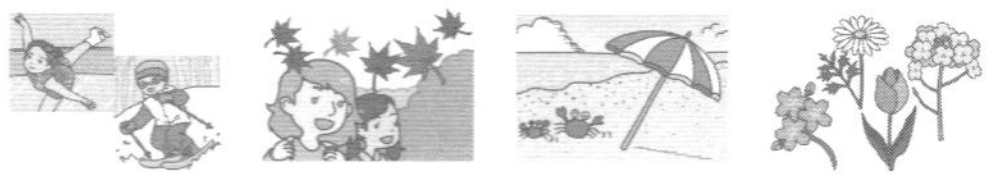

ふりかえり　2が分からないときは、32ページにもどって確認してみよう。

36

37ページ

3 日本文に合う英語の文になるように、　　の中から語を選び、をなぞりましょう。

1つ5点(15点)

(1) 夏には花火や盆(ぼん)おどりを楽しむことができます。

In summer, you can enjoy fireworks and bon-odori.

(2) それらは楽しいです。

They are fun .

enjoy　fun　winter　summer　exciting

4 女の子がスピーチをします。絵の内容に合うように、　　の中から正しい英語を選んで(1)と(2)に書きましょう。

思考・判断・表現　1問15点(30点)

(1) In fall, you can enjoy colorful leaves.

(2) They are relaxing.

In winter, you can enjoy hot springs.
In fall, you can enjoy colorful leaves.
They are delicious.　They are relaxing.

37

1 **2** 〈In＋季節の名前〉で「〜に」を、you can enjoy 〜.で「あなた(たち)は〜を楽しむことができます。」という意味を表します。

1 (1) 季節は春で、楽しむことができるのはsakura sweets「サクラのおかし」です。

(2) 季節は夏で、楽しむことができるのはsummer festivals「夏祭り」です。

2 (1) 季節は秋で、楽しむことができるのはcolorful leaves「色とりどりの葉」です。

(2) 季節は春で、colorful flowersは「色とりどり花」です。

(3) 季節は冬で、楽しむことはwinter sports「冬のスポーツ」です。

3 (2)「それらはリラックスします。」はThey are relaxing.です。

読まれる英語

1 (1) In spring, you can enjoy sakura sweets.

(2) In summer, you can enjoy summer festivals.

2 (1) In fall, you can enjoy colorful leaves.

(2) In spring, you can enjoy colorful flowers.

(3) In winter, you can enjoy winter sports.

おうちのかたへ

ここでは、季節ごとに日本で楽しめるものやことについて伝えることを学びました。

今後、日本のことを外国人に紹介する機会が増えますので、お子さんと一緒に日本の魅力を探りながら、楽しく練習してみてください。

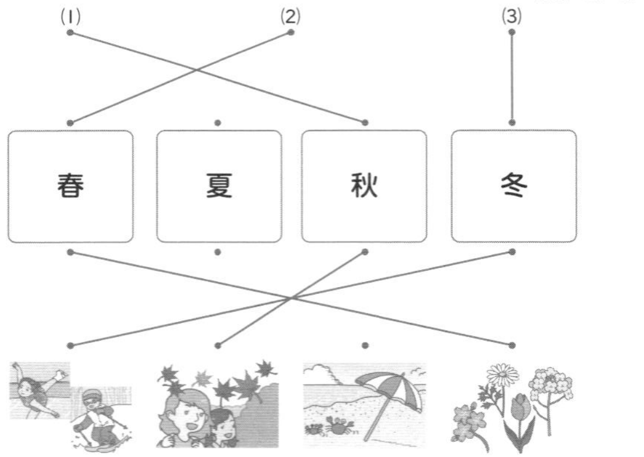

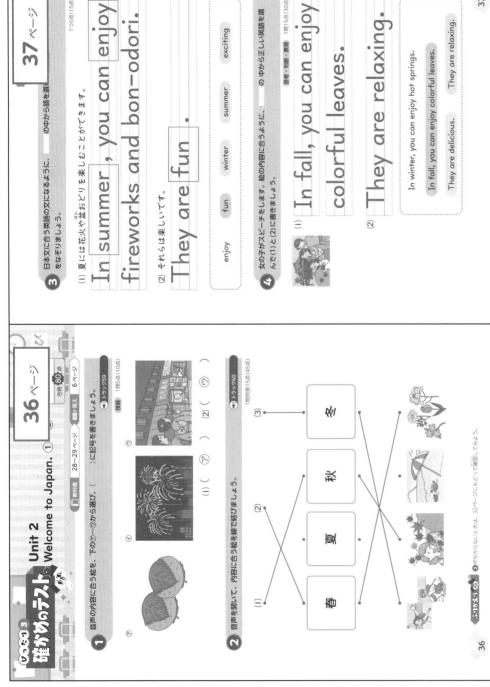

40ページ

ぴったり3 確かめのテスト Unit 2 Welcome to Japan. ③

合格 80 点　教科書 30～31ページ　答え 7ページ

1 音声の内容に合う絵を、下の㋐～㋒から選び、（　）に記号を書きましょう。 トラック65

技能 1問5点(10点)

㋐　㋑　㋒

(1)（ ㋒ ）　(2)（ ㋑ ）

2 音声を聞いて、内容に合う地域と絵を線で結びましょう。 トラック66

1問完答15点(45点)

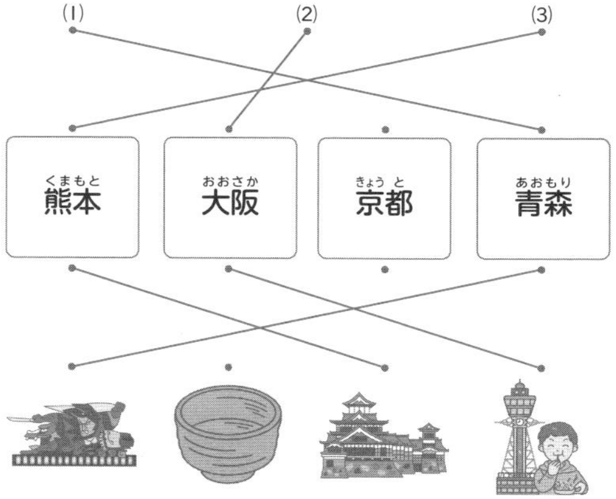

ふりかえり ②が分からないときは、38ページにもどって確認してみよう。

41ページ

3 日本文に合う英語の文になるように、　の中から語を選び、をなぞりましょう。

1つ5点(25点)

(1) 岐阜（ぎふ）はよいところです。

Gifu is a good place.

(2) 盆（ぼん）おどりを楽しむことができます。

You can enjoy bon-odori.

(3) お見のがしなく。

Don't miss it.

can　place　miss　enjoy　good

4 長野についてしょうかいします。絵の内容に合うように、　の中から正しい英語を選んで(1)と(2)に書きましょう。

思考・判断・表現 1問10点(20点)

Nagano is a good place.

(1) You can eat soba.

(2) You can visit Zenkoji Temple.

You can eat soba.　You can eat ramen.
You can visit Zenkoji Temple.　You can visit Karuizawa.

読まれる英語

1 (1) hot spring
(2) seafood

2 (1) Aomori is a good place. You can see Nebuta Festival.
(2) Osaka is a good place. You can visit Tsutenkaku Tower and eat *takoyaki*.
(3) Kumamoto is a good place. You can visit Kumamoto Castle.

おうちのかたへ

ここでは、日本のおすすめの地域を紹介し、そこでできることについて伝えることを学びました。お住まいの地域の魅力についてお子さんと話し合い、それを英語で伝えられるようにしてみてください。身近な場所を素材にすることで、英語により親しめるようになると思います。

1 (1) hot springは、「温泉」です。
(2) seafoodは、「魚介類（ぎょかいるい）」です。

2 (1) 青森で「ねぶた祭りを見ることができる」と言っています。
(2) 大阪で「通天閣（つうてんかく）を見てたこやきを食べることができる」と言っています。
(3) 熊本で「熊本城を訪れることができる」と言っています。

3 (3)「お見のがしなく。」はDon't miss it.となります。

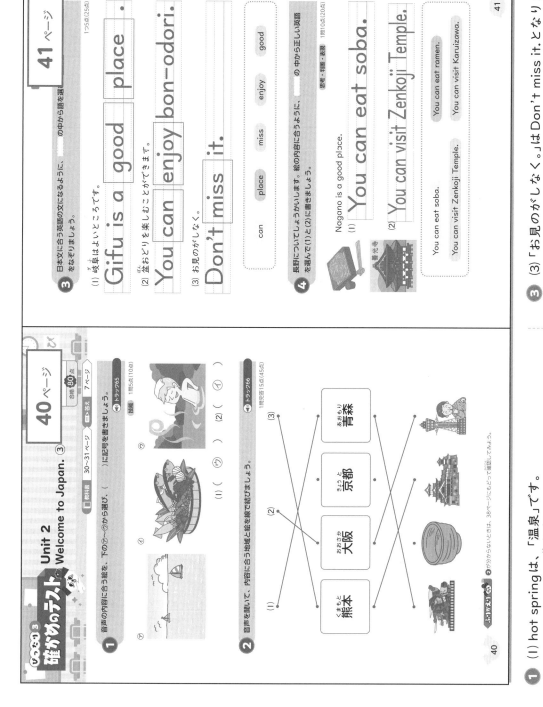

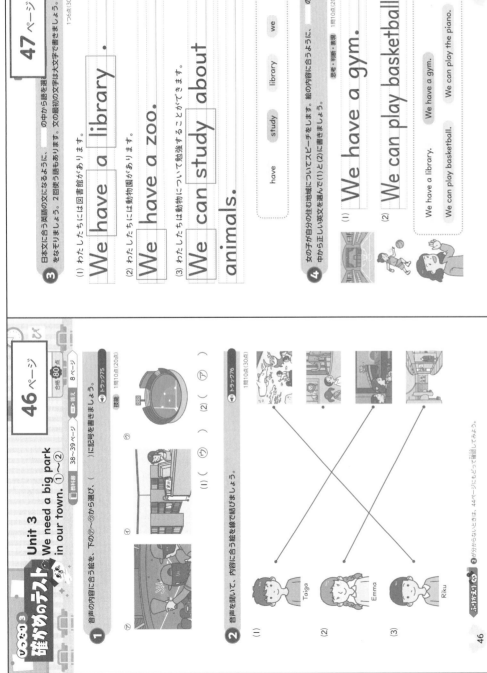

ぴったり3 確かめのテスト

Unit 3 We need a big park in our town. ①〜②

46ページ

合格 80 点

[教科書] 38〜39ページ　[答え] 8ページ

❶ 音声の内容に合う絵を、下の㋐〜㋒から選び、(　)に記号を書きましょう。　トラック75

技能　1問10点(20点)

㋐

㋑

㋒
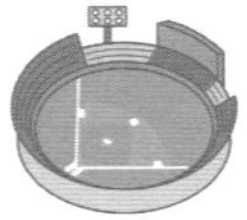

(1) (㋒)　(2) (㋐)

❷ 音声を聞いて、内容に合う絵を線で結びましょう。　トラック76

1問10点(30点)

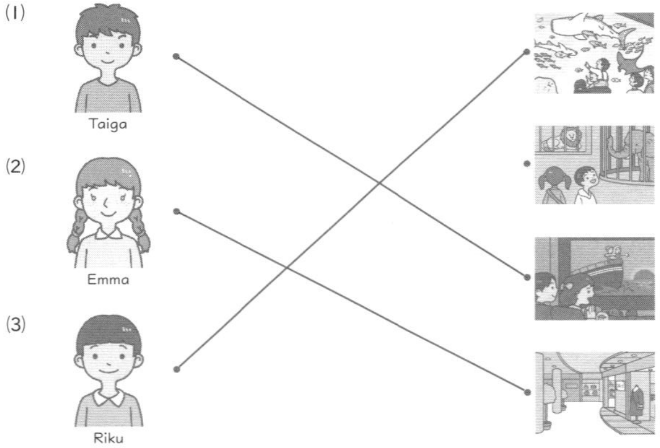

ふりかえり　❷が分からないときは、44ページにもどって確認してみよう。

47ページ

❸ 日本文に合う英語の文になるように、　の中から語を選んでなぞりましょう。2回使う語もあります。文の最初の文字は大文字で書きましょう。

1つ6点(30点)

(1) わたしたちには図書館があります。

We have a library .

(2) わたしたちには動物園があります。

We have a zoo.

(3) わたしたちは動物について勉強することができます。

We can study about animals.

have　study　library　we

❹ 女の子が自分の住む地域についてスピーチをします。絵の内容に合うように、　の中から正しい英文を選んで(1)と(2)に書きましょう。

思考・判断・表現　1問10点(20点)

(1) We have a gym.

(2) We can play basketball.

We have a library.　We have a gym.
We can play basketball.　We can play the piano.

読まれる英語

❶ (1)We have a stadium in our town.
(2)We can watch baseball games.

❷ (1)タイガ：I'm Taiga. We have a movie theater. We can see movies.
(2)エマ：I'm Emma. We have a shopping mall. We can enjoy our free time.
(3)リク：I'm Riku. We have a big aquarium. We can see many sea animals.

おうちのかたへ

ここでは、自分の住む町にある施設、そこでできることについて伝えることを学びました。
今回はいろいろな施設の名前が出てきます。ご一緒に発音練習をしてみてください。また、お住まいの地域の施設についても話をしてみてください。

❶❷ We have 〜.「わたしたちには〜があります。」を使って、自分たちの町のことを伝えています。

❶ (1) a stadiumは「競技場、スタジアム」、in our townは「わたしたちの町に」です。
(2) We can watch baseball games.は「わたしたちは野球の試合を見ることができます。」です。

❷ (1) タイガはa movie theater「映画館」があり、映画を見ることができると言っています。
(2) エマはa shopping mall「ショッピングモール」があり、自分たちの自由時間を楽しむことができると言っています。
(3) リクはa big aquarium「大きな水族館」があり、多くの海の生き物を見ることができると言っています。

❹ (1) gymのつづりに注意しましょう。真ん中はiでなく、yになります。

ぴったり3 確かめのテスト
Unit 3
We need a big park in our town. ③〜④

52ページ

合格80点　教科書 40〜41ページ　答え 9ページ

1 音声の内容に合う絵を、下の㋐〜㋒から選び、（　　）に記号を書きましょう。　トラック85
技能　1問5点(10点)

(1)（ ㋑ ）　(2)（ ㋐ ）

2 音声を聞いて、内容に合う絵を線で結びましょう。　トラック86
1問15点(45点)

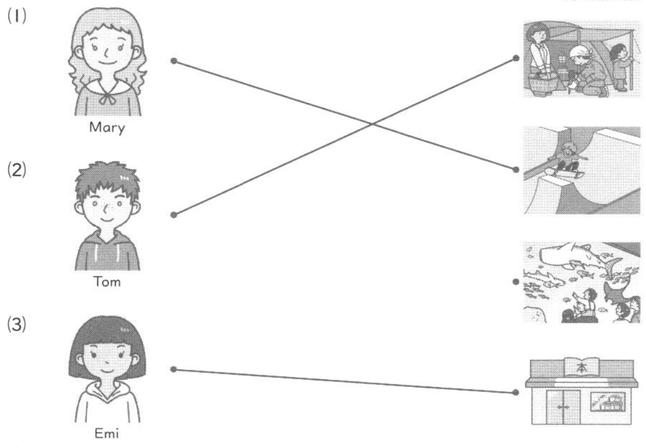

ふりかえり　②が分からないときは、48、50ページにもどって確認してみよう。

52

53ページ

3 日本文に合う英語の文になるように、　　の中から語を選んでなぞりましょう。2回使う語もあります。文の最初の文字は大文字で書きましょう。
1つ5点(25点)

(1) わたしたちの町には何が必要ですか。
What do we need in our town?

(2) わたしたちには大きな水族館が必要です。
We need a big aquarium.

(3) わたしたちはたくさんの魚や海の生き物を見ることができます。
We can see many fish and sea animals.

aquarium　what　see　need

4 あなたは自分の住む地域についてスピーチをします。絵の内容に合うように、　　の中から正しい英語を選んで(1)と(2)に書きましょう。
思考・判断・表現　1問10点(20点)

(1) We need elevators.
(2) We can move easily.

need free Wi-Fi　need elevators
can move easily　have more fun

53

この本の終わりにある「夏のチャレンジテスト」をやってみよう！

1 2 We need 〜. は「わたしたちは〜が必要です。」という意味を表します。

1 (1) more street lightsは「もっと多くの街灯」です。
(2) escalators「エスカレーター」が必要で、We can use the station easily. は「わたしたちは駅を楽に使うことができます。」と言っています。

2 (1) 町に必要なものは何かを聞かれたメアリーは、a skate park「スケートボード場」が必要で、その理由を can enjoy weekends there「週末をそこで楽しむことができる」と答えています。
(2) トムは自分たちの町にa campsite「キャンプ場」が必要で、その理由をcan enjoy a barbecue「バーベキューを楽しむことができる」と言っています。
(3) エミは自分たちの町にa bookstore「書店」が必要で、can buy books and comic books「本やマンガ本を買える」と言っています。

読まれる英語

1 (1) We need more street lights in our town.
(2) We need escalators. We can use the station easily.

2 (1) 男の子：What do we need in our town, Mary?
メアリー：We need a skate park in our town. We can enjoy our weekends there.
(2) トム：I'm Tom. We need a campsite in our town. We can enjoy a barbecue.
(3) エミ：I'm Emi. We need a bookstore in our town. We can buy books and comic books.

おうちのかたへ

ここでは、自分の住む町に必要だと思う施設と、それがあるとできることについての伝え方ややりとりを学びました。お子さんとご一緒に必要な施設について考え、やりとりをしてみてください。
このUnit全体の学習を通して、お住まいの地域についてお子さんと話すことで、それらがより身近に感じられるようになると思います。

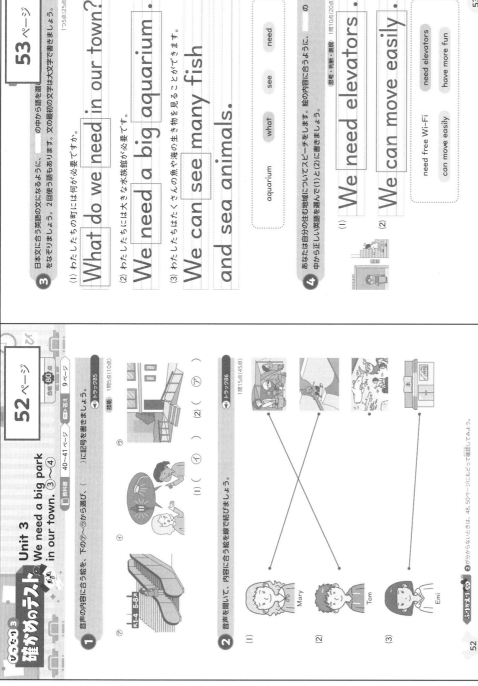

ぴったり3 確かめのテスト

Unit 4 I went to the zoo. ①～②

合格 80 点

教科書 52～53ページ　答え 10ページ

1 音声の内容に合う絵を、下の㋐～㋒から選び、(　)に記号を書きましょう。　トラック95

技能　1問10点(20点)

(1) (㋑)　(2) (㋒)

2 音声を聞いて、内容に合う絵を線で結びましょう。　トラック96

1問10点(30点)

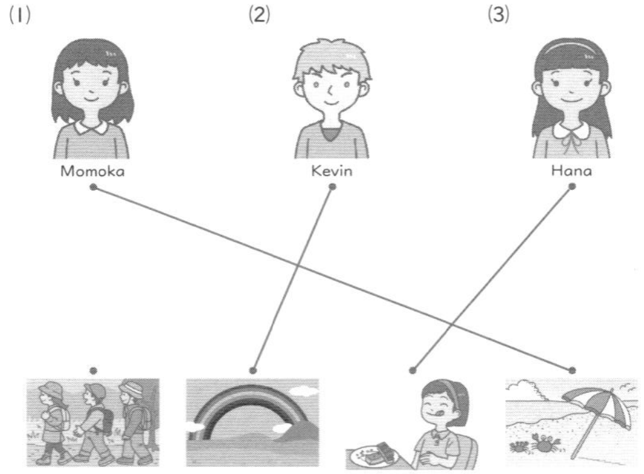

ふりかえり　②が分からないときは、54, 56ページにもどって確認してみよう。

3 日本文に合う英語の文になるように、　　の中から語を選びましょう。文の最初の文字は大文字で書きましょう。

1つ6点(30点)

(1) あなたの夏休みはどうでしたか。

How was your summer vacation?

(2) それはよかったです。

It was good.

(3) わたしは海で泳ぐことを楽しみました。

I enjoyed swimming in the sea.

enjoyed　how　good　was　swimming

4 男の子が夏休みにしたことをメモに書いています。絵の内容に合うように、　　の中から正しい英語を選んで(1)と(2)に書きましょう。

思考・判断・表現　各文10点(20点)

(1) I enjoyed hiking.

(2) I saw fireworks.

I enjoyed camping.　I enjoyed hiking.
I saw beautiful flowers.　I saw fireworks.

1 (1) went to the beautiful mountainsは「美しい山に行った」、niceは「すてきな」です。

(2) enjoyed the summer festivalは「夏祭りを楽しんだ」です。

2 それぞれHow was your summer vacation?は「あなたの夏休みはどうでしたか。」と聞かれています。

(1) モモカはIt was great.「それはすばらしかったです。」と答えています。went to the beachは「海辺に行った」です。

(2) ケビンはIt was fun.「それは楽しかったです。」と答えています。saw a rainbowは「にじを見た」です。

(3) ハナはIt was exciting.「それはわくわくしました。」と答えています。ate watermelonは「スイカを食べた」です。

3 (2)「それはよかったです。」はIt was good.です。

読まれる英語

1 (1) I went to the beautiful mountains. It was nice.

(2) I enjoyed the summer festival.

2 (1) 男の子：How was your summer vacation, Momoka?

モモカ：It was great. I went to the beach.

(2) 女の子：How was your summer vacation, Kevin?

ケビン：It was fun. I saw a rainbow.

(3) 男の子：How was your summer vacation, Hana?

ハナ：It was exciting. I ate watermelon.

おうちのかたへ

ここでは、夏休みにしたことを言えるようになるための表現を学びました。今回、初めて過去形が登場します。was ～「～だった」に始まり、「行った」「～を見た」「～を食べた」「～を楽しんだ」という日常生活でよく使う動詞の過去形が出てきました。

夏休みの楽しい思い出について話し合いながら、How was your summer vacation?と聞いてみてください。今回習った語を使っていろいろなことを伝えられるための練習をしてみてください。

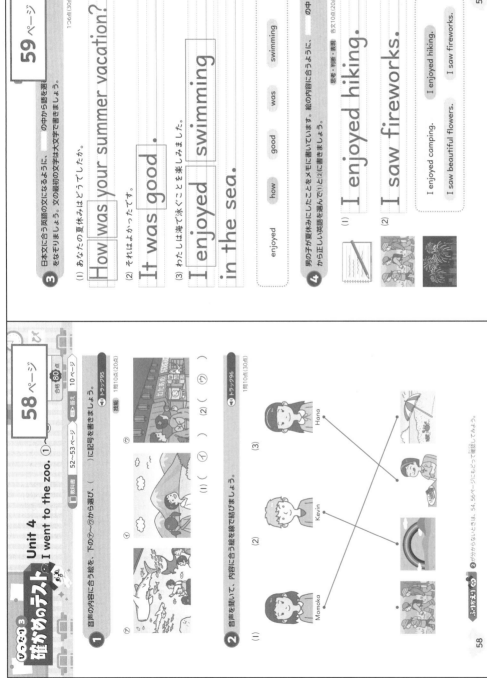

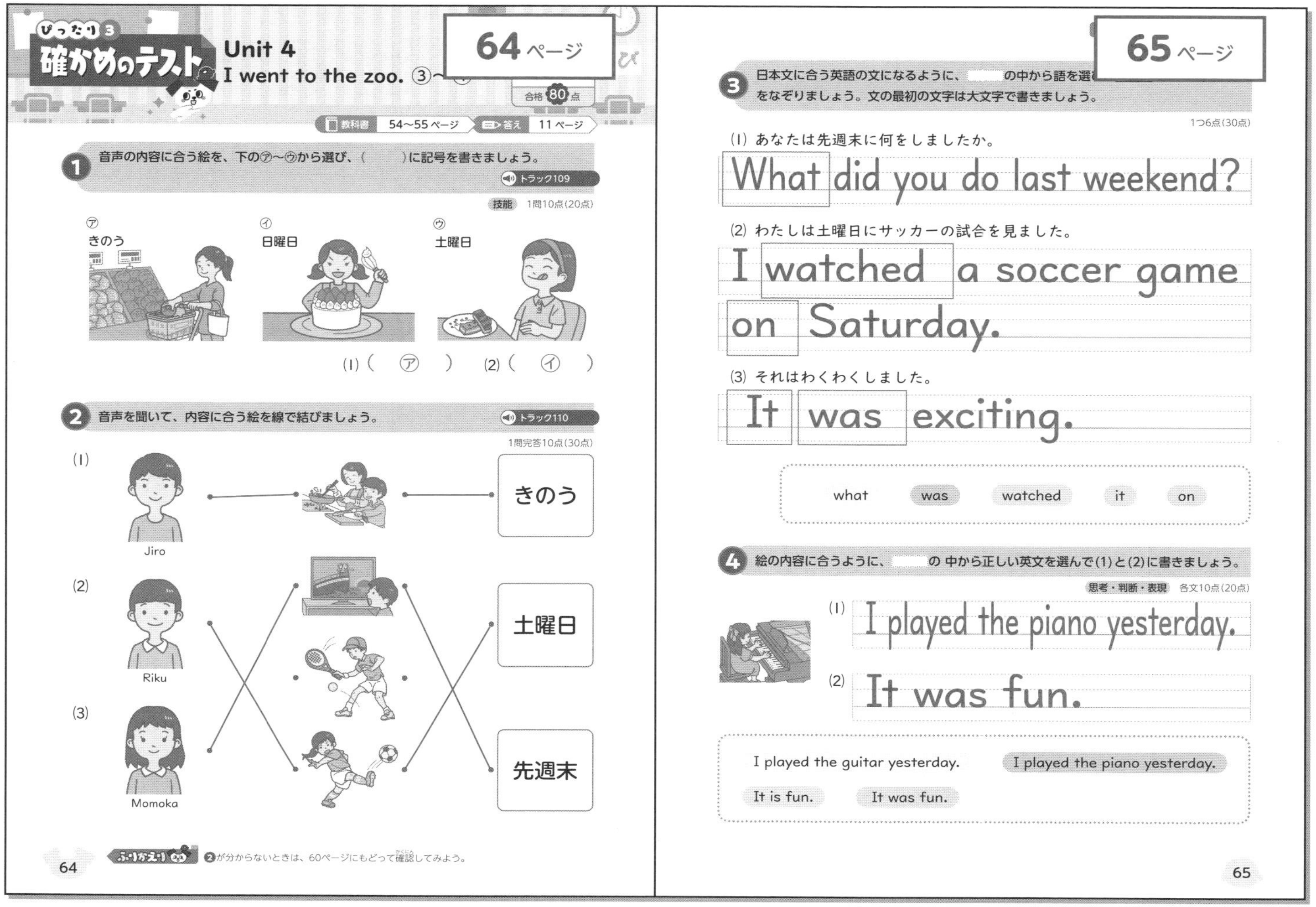

ぴったり3 確かめのテスト Unit 4 I went to the zoo. ③

64ページ

教科書 54〜55ページ　答え 11ページ　合格80点

1 音声の内容に合う絵を、下の㋐〜㋒から選び、(　　)に記号を書きましょう。　トラック109　技能 1問10点(20点)

㋐ きのう　㋑ 日曜日　㋒ 土曜日

(1) (㋐)　(2) (㋑)

2 音声を聞いて、内容に合う絵を線で結びましょう。　トラック110　1問完答10点(30点)

(1) Jiro　(2) Riku　(3) Momoka

きのう　土曜日　先週末

64　ふりかえり ②が分からないときは、60ページにもどって確認してみよう。

65ページ

3 日本文に合う英語の文になるように、　　の中から語を選び、　　をなぞりましょう。文の最初の文字は大文字で書きましょう。　1つ6点(30点)

(1) あなたは先週末に何をしましたか。

What did you do last weekend?

(2) わたしは土曜日にサッカーの試合を見ました。

I watched a soccer game on Saturday.

(3) それはわくわくしました。

It was exciting.

what　was　watched　it　on

4 絵の内容に合うように、　　の中から正しい英文を選んで(1)と(2)に書きましょう。　思考・判断・表現 各文10点(20点)

(1) I played the piano yesterday.

(2) It was fun.

I played the guitar yesterday.　I played the piano yesterday.

It is fun.　It was fun.

65

1 (1) boughtは「〜を買った」、yesterdayは「きのう(は)」という意味を表します。

(2) What did you do last weekend?「先週末に何をしましたか。」と聞かれた女の子はmade a cake on Sunday「日曜日にケーキを作った」と答えています。

2 (1) きのう何をしたかを聞かれたジロウはmade dinner with my mother「お母さんと夕食を作った」と答えています。

(2) 土曜日に何をしたかを聞かれたリクはplayed soccer「サッカーをした」と答えています。

(3) 先週末に何をしたかを聞かれたモモカはwatched a movie「映画を見た」と答えています。

3 (3)「それはわくわくしました。」はIt was exciting.となります。

読まれる英語

1 (1)I bought some vegetables yesterday.

(2)男の子：What did you do last weekend?

女の子：I made a cake on Sunday.

2 (1)女の子：Jiro, what did you do yesterday?

ジロウ：I made dinner with my mother yesterday.

(2)女の子：What did you do on Saturday, Riku?

リク：I played soccer on Saturday.

(3)男の子：Momoka, what did you do last weekend?

モモカ：I watched a movie last weekend. It was exciting.

おうちのかたへ

ここでは、昨日や先週末にしたことについてのやりとりを学びました。今回出てきた「〜を買った」「〜を作った」「〜を見た」などの過去形を使い、日常生活について伝える練習を重ねるようにしてください。

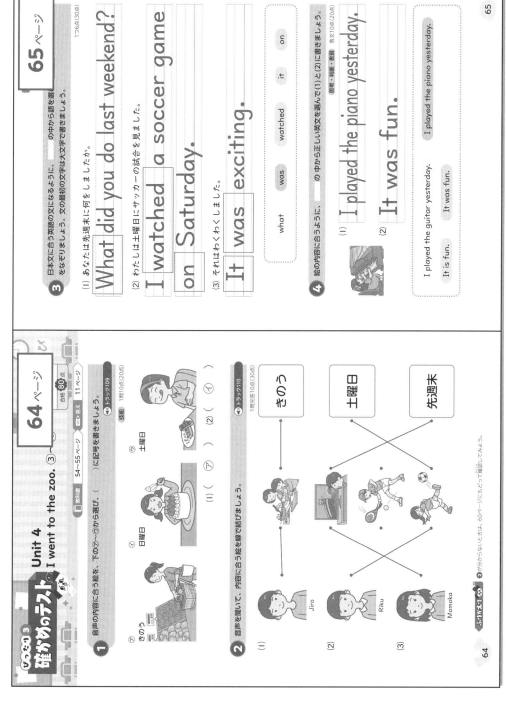

72ページ

ぴったり3 確かめのテスト

Unit 5
This is my hero. ①～③

合格 80 点

教科書 62～65ページ　答え 12ページ

1 音声の内容に合う絵を、下の㋐～㋒から選び、(　)に記号を書きましょう。　トラック129

技能　1問10点(20点)

(1) (㋑)　(2) (㋐)

2 音声を聞いて、内容に合う絵を線で結びましょう。　トラック130

1問10点(30点)

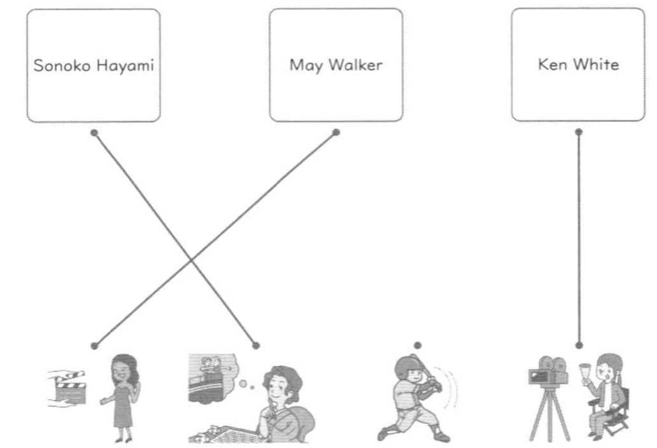

ふりかえり ②が分からないときは、68、70ページにもどって確認してみよう。

72

73ページ

3 日本文に合う英語の文になるように、　の中から語を選んでなぞりましょう。2回使う語もあります。文の最初の文字は大文字で書きましょう。

1つ6点(30点)

(1) この人はわたしのおばです。

This is my aunt .

(2) 彼女は英語の先生です。

She's an English teacher.

(3) 彼女は人気者です。

She's popular .

she's　he's　popular　aunt　a　an

4 女の子が好きな人物について書いています。絵の内容に合うように、　の中から正しい英語を選んで(1)と(2)に書きましょう。

思考・判断・表現　各文10点(20点)

(1) He's a baseball player.

(2) He hit many home runs .

He's my hero.

He's a baseball player.　hit many home runs
He's a musician.　created many songs

73

1 This is ～.は「この人は～です。」と人をしょうかいする表現です。

(1) my auntは「わたしのおばさん」、a nurseは「看護師」です。

(2) my uncleは「わたしのおじさん」、a rock musicianは「ロックミュージシャン」です。

2 (1) ハヤミ ソノコはwriter「作家」で、wrote many books「本をたくさん書いた」と言っています。

(2) メイ・ウォーカーはan actor「俳優」で、performed very well in many movies「多くの映画でとても上手に演じた」と言っています。

(3) ケン・ホワイトはa movie director「映画監督」で、created wonderful movies「すばらしい映画を作った」と言っています。

4 (2) hit many home runsは、「多くのホームランを打った」です。

読まれる英語

1 (1) This is my aunt. She's a nurse.

(2) This is my uncle. He's a rock musician. He's very cool.

2 (1) This is Sonoko Hayami. She's a writer. She wrote many books.

(2) This is May Walker. She's an actor. She performed very well in many movies.

(3) This is Ken White. He's a movie director. He created wonderful movies.

おうちのかたへ

このUnitでは、身近な人や好きな人のとくちょうを述べたり、好きな人やあこがれの人がしたことについて伝えたりすることを学びました。いろいろな職業やそれを伝えるための動詞の過去形も出てきました。

お子さんに身近な人について話してもらったり、好きな人、あこがれの人についてお子さんと伝え合ったりしてみてください。

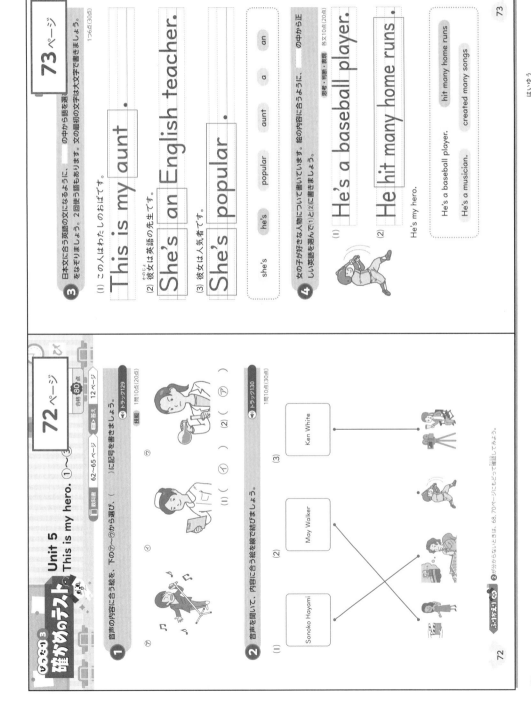

80 ページ

ぴったり3 確かめのテスト

Unit 6
My favorite memory is the school trip. ①～③

合格80点

教科書 72～75ページ　答え 13ページ

1 音声の内容に合う絵を、下の㋐～㋒から選び、（　　）に記号を書きましょう。　トラック145

技能　1問5点(10点)

(1)（ ㋐ ）　(2)（ ㋑ ）

2 音声を聞いて、内容に合う絵を線で結びましょう。　トラック146

1問完答15点(45点)

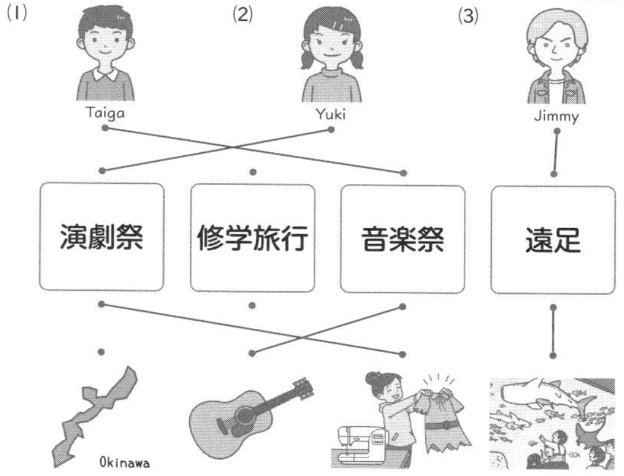

ふりかえり　②が分からないときは、76, 78ページにもどって確認してみよう。

81 ページ

3 日本文に合う英語の文になるように、　　の中から語を選び、文をなぞりましょう。

1つ5点(25点)

(1) あなたのお気に入りの思い出は何ですか。

What's your favorite memory ?

(2) 運動会です。

It's the sports festival .

(3) それはわくわくしました。

It was exciting .

festival　memory　exciting　sports　favorite

4 男の子が小学校の思い出を書いています。絵の内容に合うように、　　の中から正しい英語を選んで(1)と(2)に書きましょう。

思考・判断・表現　各文10点(20点)

(1) My favorite memory is

the swimming meet .

(2) I enjoyed swimming.

the swimming meet　the school marathon　I enjoyed running.　I enjoyed swimming.

この本の終わりにある「冬のチャレンジテスト」をやってみよう！

読まれる英語

1 (1)スミス先生：What's your favorite memory of school?

女の子：It's the entrance ceremony.

(2)My favorite memory is the school marathon. I enjoyed running.

2 (1)タイガ：I'm Taiga. My favorite memory is the music festival. I played the guitar.

(2)ユキ：I'm Yuki. My favorite memory is the drama festival. I made my costume.

(3)ジミー：I'm Jimmy. My favorite memory is the field trip. We went to the aquarium.

おうちのかたへ

このUnitでは、学校行事の表現をたくさん学び、思い出としてお気に入りのものは何かについてのやりとりの練習をしました。思い出の学校行事についてお子さんに質問したり、楽しかったことについて話してもらったりしてみてください。また、習った英文を書く練習も大切です。

1 (1) What's your favorite memory of school?「あなたのお気に入りの学校の思い出は何ですか。」と聞かれた女の子は、It's the entrance ceremony.「それは入学式です。」と答えています。

(2) My favorite memory「わたしのお気に入りの思い出」はthe school marathon「校内マラソン」で、enjoyed running「走ることを楽しんだ」と言っています。

2 (1) タイガのお気に入りの思い出はthe musical festival「音楽祭」です。

(2) ユキのお気に入りの思い出はthe drama festival「演劇祭」で、made my costume「自分の衣しょうを作った」と言っています。

(3) ジミーのお気に入りの思い出はthe field trip「遠足」で、went to the aquarium「水族館に行った」と言っています。

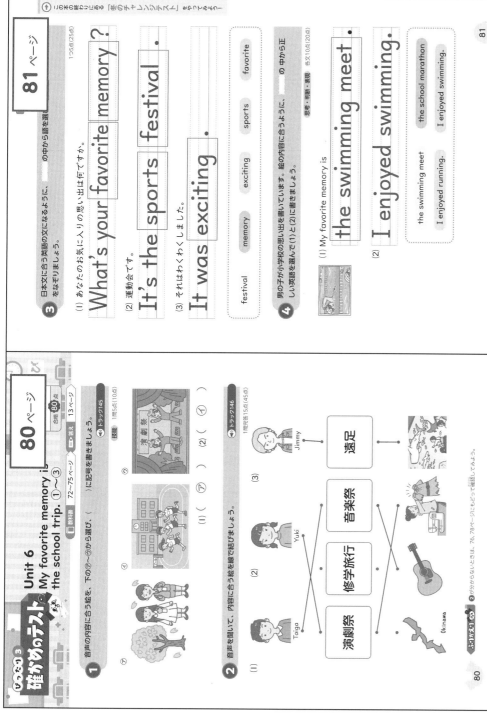

88ページ

ぴったり3 確かめのテスト Unit 7 I want to be a fashion designer. ①〜③

教科書 84〜87ページ　答え 14ページ　合格80点

1 音声の内容に合う絵を、下の㋐〜㋒から選び、(　)に記号を書きましょう。　トラック159

技能　1問10点(20点)

(1) (㋐)　(2) (㋑)

2 音声を聞いて、内容に合う絵を線で結びましょう。　トラック160

1問10点(30点)

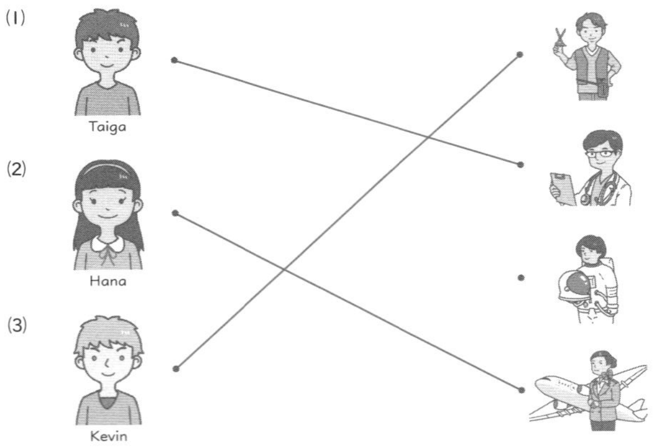

ふりかえり ❷が分からないときは、82, 84, 86ページにもどって確認してみよう。

88

89ページ

3 日本文に合う英語の文になるように、　の中から語を選び、なぞりましょう。2回使う語もあります。

1つ6点(30点)

(1) あなたは何になりたいですか。

What do you want to [be] ?

(2) 〈(1)に答えて〉わたしはミュージシャンになりたいです。

I want to [be] a [musician] .

(3) 〈(2)に続けて〉わたしはいつも音楽を楽しみたいのです。

I always want to [enjoy] [music] .

musician　music　be　do　enjoy

4 男の子が自分の夢について書いています。絵の内容に合うように、　の中から正しい英語を選んで、(1)にはつきたい職業を、(2)にはその理由を書きましょう。

思考・判断・表現　各文10点(20点)

(1) I want to be a dentist.

(2) I want to save people.

I want to be a vet.　I want to be a dentist.　I want to save people.　I want to save animals.

89

読まれる英語

1 (1) I want to be a voice actor.

(2)スミス先生：What do you want to be, Yuki?

ユキ：I want to be a nursery school teacher.

2 (1)タイガ：I'm Taiga.　I want to be a doctor.

(2)スミス先生：Hana, what do you want to be?

ハナ：I want to be a flight attendant.

スミス先生：Why?

ハナ：I want to visit many places.

(3)ケビン：I'm Kevin.　I want to be a hairdresser.

おうちのかたへ

このUnitでは、将来の夢、就きたい職業についてのやりとりを学びました。What do you want to be?「あなたは何になりたいですか。」で就きたい職業についてたずね、そしてWhy?「なぜですか。」でその理由をたずねてみてください。また、今回出てきた多くの職業を表す英語を声を出して言ってみる練習を一緒にしてあげてください。

1 (1) I want to be ～.は「わたしは～になりたいです。」という意味です。～の部分でa voice actor「声優（せいゆう）」と言っています。

(2) What do you want to be?は「あなたは何になりたいですか。」という意味です。

ユキはI want to be a nursery school teacher.「わたしは保育士になりたいです。」と答えています。

2 (1) タイガはa doctor「医者」になりたいと言っています。

(2) ハナは「あなたは何になりたいですか。」と聞かれ、a flight attendant「客室乗務員」になりたいと答え、Why?「なぜですか。」に対し、want to visit many places「たくさんの場所を訪れたい」と答えています。

(3) ケビンはa hairdresser「美容師」になりたいと言っています。

94ページ

ぴったり3 確かめのテスト

Unit 8
I want to join the brass band. ①～②

合格80点　教科書 94～97ページ　答え 15ページ

1 音声の内容に合う絵を、下の㋐～㋒から選び、（　　）に記号を書きましょう。　トラック169

技能　1問10点(20点)

(1)（ ㋒ ）　(2)（ ㋑ ）

2 音声の内容に合う絵を線で結びましょう。　トラック170

1問10点(30点)

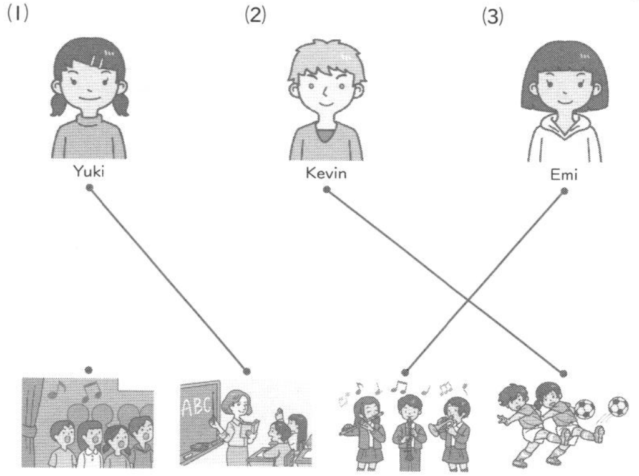

ふりかえり　②が分からないときは、90，92ページにもどって確認してみよう。

95ページ

3 日本文に合う英語の文になるように、　　の中から語を選んでなぞりましょう。

1つ6点(30点)

(1) あなたは中学校で何をしたいですか。

What do you want to do in junior high school?

(2) 〈(1)に答えて〉わたしは一生けんめい勉強したいです。

I want to study hard.

(3) わたしは柔道部に入りたいです。

I want to join the judo club.

join　hard　do　club　study

4 男の子が、入りたい部活動と、中学生になってやりたいことを書こうとしています。　　の中から正しい英語を選んで(1)と(2)に書きましょう。

思考・判断・表現　各文10点(20点)

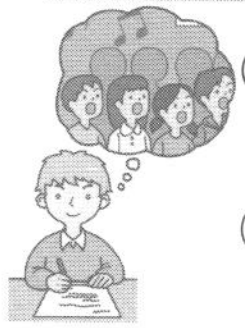

(1) I want to join the chorus.

(2) I want to sing with many people.

I want to join the brass band.　I want to join the chorus.
I want to sing with many people.　I want to play the drums.

この本の終わりにある「春のチャレンジテスト」をやってみよう！

この本の終わりにある「学力診断テスト」をやってみよう！

1 (1) ハナはI want to read many books.「私はたくさんの本を読みたいです。」と答えています。したいことはwant to ～で表します。

(2) 男の子はwant to join the table tennis team「卓球部に入りたい」と言っています。

2 (1) ユキはwant to study English in junior high school「中学校で英語を勉強したい」と言っています。

(2) ケビンはlike soccer very much「サッカーが大好き」で、want to join the soccer team「サッカー部に入りたい」と言っています。

(3) スミス先生にWhat club do you want to join, Emi?「何の部活動に入りたいですか、エミ？」と聞かれたエミはwant to join the brass band「吹奏楽部に入りたい」と答えています。

読まれる英語

1 (1)スミス先生：Hana, what do you want to do in junior high school?

ハナ：I want to read many books.

(2)男の子：I want to join the table tennis team.

2 (1)ユキ：I'm Yuki. I want to study English in junior high school.

(2)ケビン：I'm Kevin. I like soccer very much. I want to join the soccer team.

(3)スミス先生：What club do you want to join, Emi?

エミ：I want to join the brass band.

おうちのかたへ

このUnitでは、中学校でしてみたいことや入りたい部活動についてのやりとりを学びました。What do you want to do in junior high school?「あなたは中学校で何をしたいですか。」What club do you want to join?「あなたは何の部活動に入りたいですか。」とお子さんにたずねてみてください。また、今回出てきたたくさんの部の名前やしたいことを表す動作の英語を言うことができるか、確認してみてください。

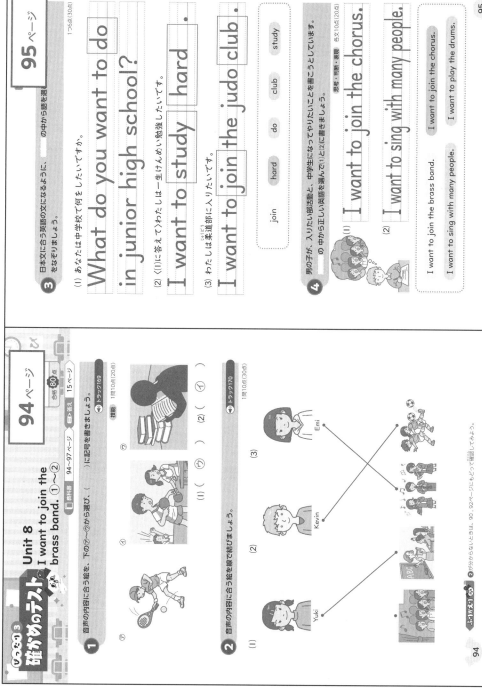

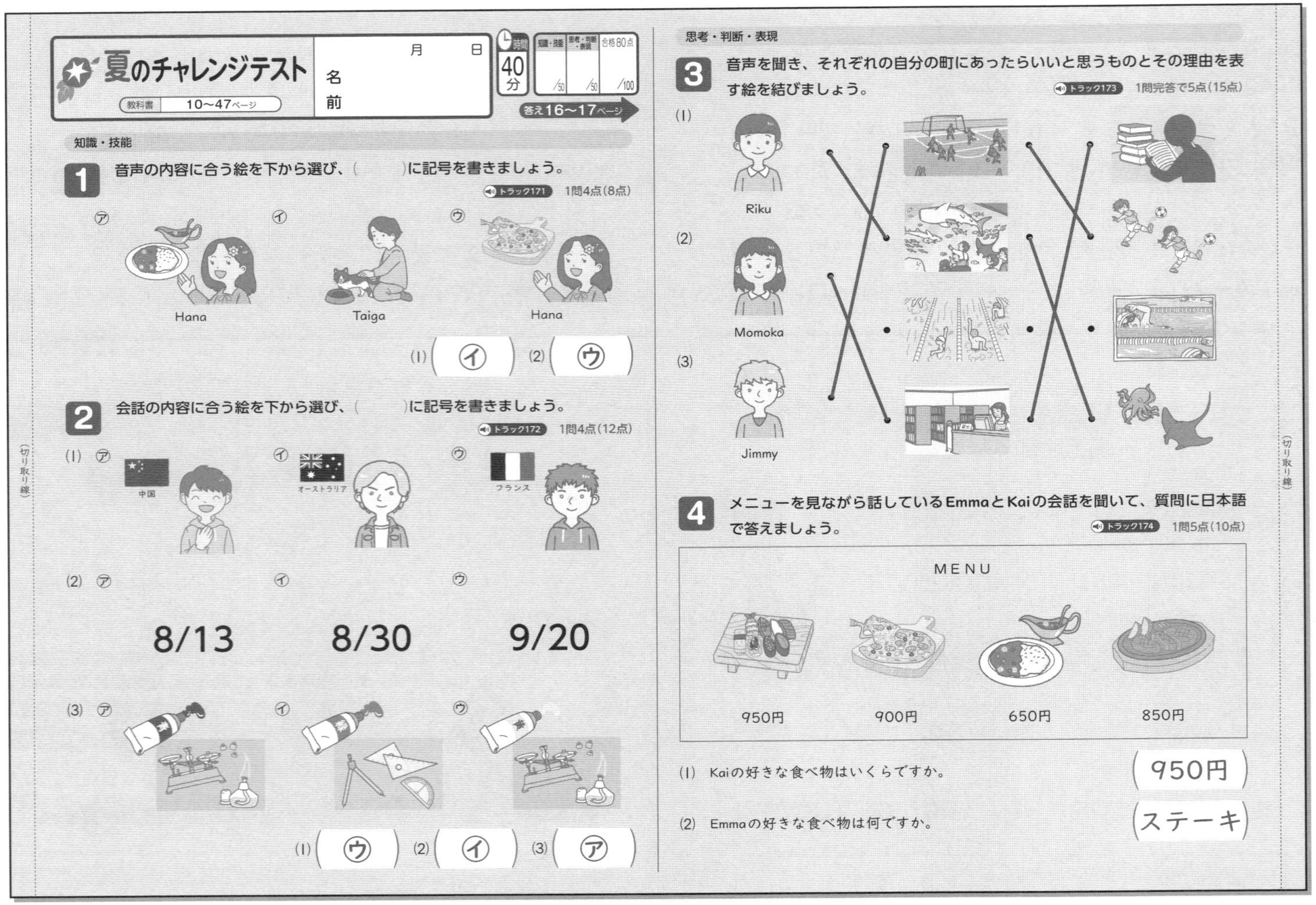
夏のチャレンジテスト 教科書 10〜47ページ
名前 月 日
時間 40分 知識・技能 /50 思考・判断・表現 /50 合格80点 /100
答え16〜17ページ

知識・技能

1 音声の内容に合う絵を下から選び、( )に記号を書きましょう。 トラック171 1問4点(8点)
㋐ Hana ㋑ Taiga ㋒ Hana
(1)(㋑) (2)(㋒)

2 会話の内容に合う絵を下から選び、( )に記号を書きましょう。 トラック172 1問4点(12点)
(1) ㋐ 中国 ㋑ オーストラリア ㋒ フランス
(2) ㋐ 8/13 ㋑ 8/30 ㋒ 9/20
(3) ㋐ ㋑ ㋒
(1)(㋒) (2)(㋑) (3)(㋐)

思考・判断・表現

3 音声を聞き、それぞれの自分の町にあったらいいと思うものとその理由を表す絵を結びましょう。 トラック173 1問完答で5点(15点)
(1) Riku
(2) Momoka
(3) Jimmy

4 メニューを見ながら話しているEmmaとKaiの会話を聞いて、質問に日本語で答えましょう。 トラック174 1問5点(10点)
MENU
950円 900円 650円 850円
(1) Kaiの好きな食べ物はいくらですか。 (950円)
(2) Emmaの好きな食べ物は何ですか。 (ステーキ)

2 (1) 男の子の名前はポールでフランス出身と言っていますね。

(2) 誕生日を聞かれた女の子は8月30日生まれと答えています。㋐の13日(13th)と聞きまちがえないように気をつけましょう。

(3) 男の子は好きな色と好きな教科を聞かれて、それぞれ「青」、「理科」と答えています。

4 カイはお気に入りの食べ物を聞かれ、「すし」と答えています。すしの値段(ねだん)は950円ですね。エマは魚が好きではないので、すしも好きではなく、「ステーキ」がお気に入りだと言っています。

読まれる英語

1 (1) I'm Taiga. I like animals. I have a cat.

(2) I'm Hana. I like pizza very much.

2 (1)A: Welcome to Japan.

B: Hello. My name is Paul. I'm from Paris, France. Nice to meet you.

(2)A: When is your birthday?

B: My birthday is August 30th.

(3)A: What's your favorite color?

B: My favorite color is blue.

A: What's your favorite subject?

B: My favorite subject is science.

3 (1) I'm Riku. I want an aquarium in our town. We can see many sea animals.

(2) I'm Momoka. We don't have a big library. I want a big library in our town. We can read many interesting books.

(3)女の人: What do you want in our town, Jimmy?

ジミー: I want a stadium in our town. We can watch soccer games. I like soccer very much.

4 エマ: What's your favorite food, Kai?

カイ: My favorite food is sushi. Do you like sushi?

エマ: No. I don't like fish. My favorite food is steak.

知識・技能

5 絵を見て、その内容を示す英語を、□の中から選んで□に書きましょう。

1問5点(15点)

(1)

August

(2)

English

(3)

running

running　August　English

6 日本文に合うように、グレーの部分はなぞり、□の中から英語を選び、□に書きましょう。文の最初の文字は大文字で書きましょう。

1問完答で5点(15点)

(1) ようこそ日本へ。

Welcome to Japan.

(2) わたしたちの町には体育館があります。

We have a gym in our town.

(3) わたしたちはバスケットボールをすることができます。

We can play basketball.

play　gym　can　welcome　have

(切り取り線)

思考・判断・表現

7 日本のものをしょうかいしましょう。グレーの部分はなぞり、□の中から正しい英語を選んで□に書きましょう。

1問5点(15点)

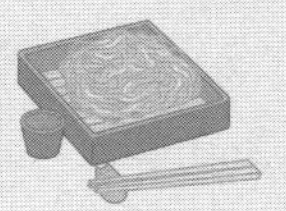

(1) This is soba.

(2) It's delicious.

(3) This is *kabuki*.

It's exciting.

miso soup　delicious
soba　exciting

8 日本文に合うように、グレーの部分はなぞり、□に英語を入れましょう。

1問5点(10点)

(1) わたしは泳ぐことが得意です。

I'm good at swimming.

(2) わたしのたんじょう日は7月2日です。

My birthday is July 2nd.

(切り取り線)

間違えた言葉を書きましょう

5 (1) August「8月」　(2) English「英語」　(3) running「走ること」

6 (1) 「ようこそ」は、welcomeで表しましょう。

(2) 「わたしたちの町には～があります。」は、We have ～ in our town.で表しましょう。

7 (1) 絵の内容から、「これはそばです。」という文をつくりましょう。

(2) delicious(おいしい)を使いましょう。

(3) exciting(わくわくする)を使いましょう。

8 (2) 「7月」はJuly、「2日」は2nd [second]で表しましょう。

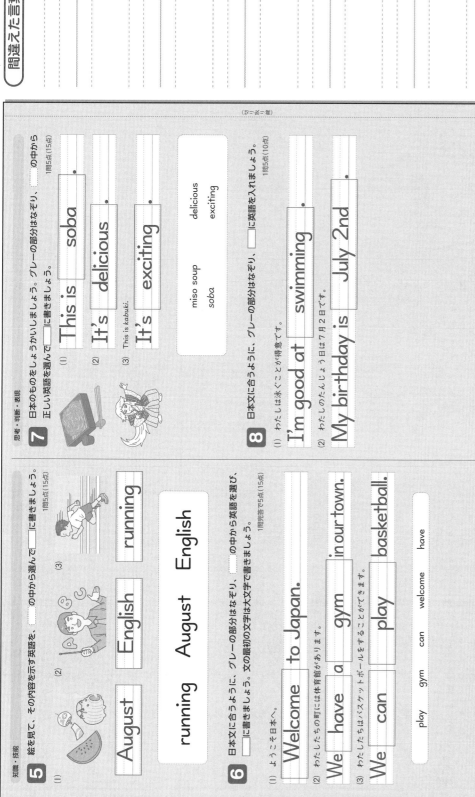

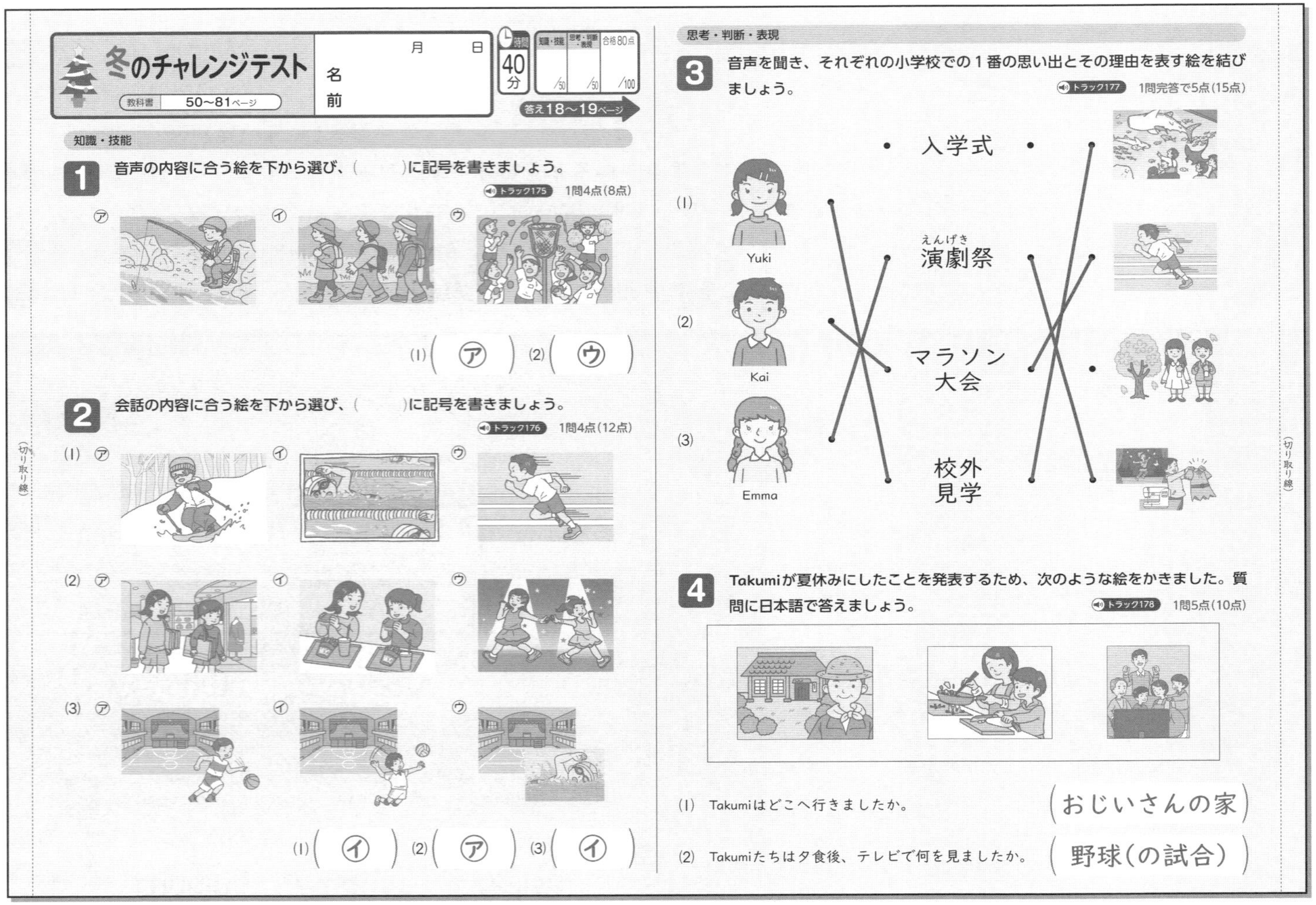

冬のチャレンジテスト

教科書 50〜81ページ　月　日　名前

時間 40分　知識・技能 /50　思考・判断・表現 /50　合格80点 /100

答え18〜19ページ

知識・技能

1 音声の内容に合う絵を下から選び、(　)に記号を書きましょう。 トラック175　1問4点(8点)

㋐　㋑　㋒

(1)(㋐)　(2)(㋒)

2 会話の内容に合う絵を下から選び、(　)に記号を書きましょう。 トラック176　1問4点(12点)

(1) ㋐　㋑　㋒

(2) ㋐　㋑　㋒

(3) ㋐　㋑　㋒

(1)(㋑)　(2)(㋐)　(3)(㋑)

思考・判断・表現

3 音声を聞き、それぞれの小学校での１番の思い出とその理由を表す絵を結びましょう。 トラック177　1問完答で5点(15点)

(1) Yuki　(2) Kai　(3) Emma

入学式　演劇祭（えんげき）　マラソン大会　校外見学

4 Takumiが夏休みにしたことを発表するため、次のような絵をかきました。質問に日本語で答えましょう。 トラック178　1問5点(10点)

(1) Takumiはどこへ行きましたか。 (おじいさんの家)

(2) Takumiたちは夕食後、テレビで何を見ましたか。 (野球(の試合))

読まれる英語

1 (1) My summer vacation was great. I enjoyed fishing.

(2) My favorite memory of school is the sports festival.

2 (1)A: How was your swimming meet?

B: It's wonderful. I enjoyed swimming.

(2)A: What did you do yesterday?

B: I went to a shopping mall with my sister. I enjoyed shopping.

(3)A: Where did you go last weekend?

B: I went to a gym.

A: Did you play basketball?

B: No. I played volleyball there.

3 (1) I'm Yuki. My favorite memory of school is the field trip. We went to a big aquarium.

(2) I'm Kai. My favorite memory of school is the school marathon. I enjoyed running.

(3)男の人: What's your favorite memory of school, Emma?

エマ: It's the drama festival. I made costumes and enjoyed acting.

男の人: That's wonderful!

4 Hi, I'm Takumi. My summer vacation was very good. I went to my grandfather's house. I made dinner with my mother there. We made *yakisoba*. We enjoyed eating. After dinner we enjoyed watching a baseball game on TV.

1 (1) I enjoyed fishing.(わたしはつりを楽しみました。)と言っています。

(2) My favorite memory of school is the sports festival.(わたしのいちばんの学校の思い出は運動会です。)と言っています。

3 (1)(2) My favorite memory of school isのあとの英語を、注意して聞き取ろう。

4 (1) タクミは夏休みにwent to my grandfather's house「おじいさんの家に行った」と言っていますね。

(2) タクミたちが夕食後にテレビで見たのはa baseball game「野球の試合」だと言っています。enjoyed watching で「見ることを楽しんだ」という意味になります。

知識・技能

5 絵を見て、その内容を示す英語を、□の中から選んで□に書きましょう。 1問5点(15点)

(1)  mountain

(2)  rainy

(3)  lake

rainy　lake　mountain

6 日本文に合うように、グレーの部分はなぞり、□の中から英語を選び、□に書きましょう。 1問完答で5点(15点)

(1) わたしの夏休みは楽しかったです。

My summer vacation was fun .

(2) わたしは1さつの英語の本を買いました。

I bought an English book.

(3) わたしのお気に入りの学校の思い出は校外見学です。

My favorite memory of school is the field trip .

English　trip　fun　favorite　bought

思考・判断・表現

7 絵の中の男の子になったつもりで(1)は質問に答え、(2)(3)は絵に合う英語になるよう、グレーの部分はなぞり、□の中から正しい英語を選んで□に書きましょう。 1問5点(15点)

(1) What did you do last weekend?

I went to Kobe .

(2) I enjoyed eating steak.

(3) It was delicious .

enjoyed eating　was delicious
went to Kobe　went to Osaka

8 日本文に合うように、グレーの部分はなぞり、□に英語を入れましょう。 1問5点(10点)

(1) わたしはテレビを見ました。

I watched TV .

(2) きのうは晴れでした。

It was sunny yesterday.

(切り取り線)

5 (1) mountain「山」　(2) rainy「雨の」　(3) lake「湖」

6 (1) 「楽しい」は、funで表しましょう。

(2)(3) できることはcanを使って表しましょう。

7 (1) 絵の内容から、「わたしは神戸に行きました」という文をつくりましょう。

(2) 絵の内容から、「わたしはステーキを食べることを楽しみました」という文をつくりましょう。

(3) 食べものの感想を表すdeliciousを使って、「それはおいしかったです」という文をつくりましょう。

8 (1) 「テレビを見た」は、watched TVで表しましょう。

間違えた言葉を書きましょう

春のチャレンジテスト

教科書 82～103ページ　　名前　　月　日

時間 40分　知識・技能 /50　思考・判断・表現 /50　/100　合格80点

答え20～21ページ

知識・技能

1 音声の内容に合う絵を下から選び、(　　)に記号を書きましょう。 トラック179 1問4点(8点)

㋐ ㋑ ㋒

(1) (㋑) (2) (㋐)

2 会話の内容に合う絵を下から選び、(　　)に記号を書きましょう。 トラック180 1問4点(12点)

(1) ㋐ ㋑ ㋒
(2) ㋐ ㋑ ㋒
(3) ㋐ ㋑ ㋒

(1) (㋒) (2) (㋑) (3) (㋒)

思考・判断・表現

3 音声を聞き、それぞれのつきたい職業とその理由を結びましょう。 トラック181 1問完答で5点(15点)

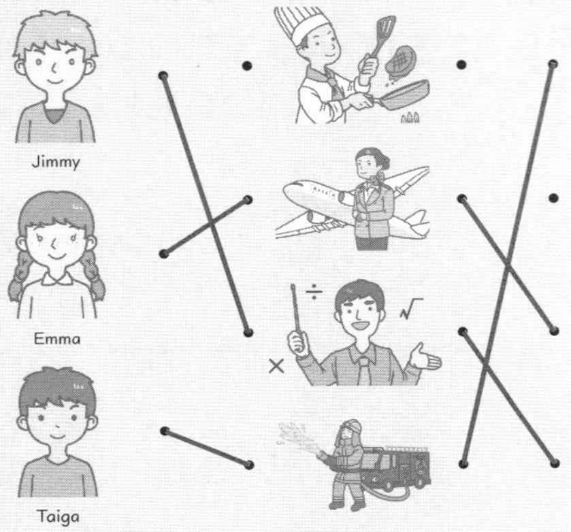

4 下のポスターを見ながらMomokaの発表を聞き、質問に日本語で答えましょう。 トラック182 1問完答で5点(10点)

I want to be ...

BOYS	GIRLS
1.	1.
2. soccer player	2. nurse
3. doctor	3. doctor

(1) 1位～3位は何を表していますか。

(つきたい職業[なりたいもの])

(2) 男子・女子の1位はそれぞれ何ですか。

男子→(野球選手)　女子→(パティシエ)

1 (1) want to be a hairdresser「美容師になりたい」と言っていますね。

(2) have term tests は「期末テストがある」です。

4 (1) モモカはasked my classmates,“What do you want to be?”「私のクラスメートたちに『あなたは何になりたいですか。』と聞いた」と言っています。

(2) クラスの男子のつきたい職業の1位は baseball player「野球選手」、女子の1位は pastry chef「パティシエ」です。

読まれる英語

1 (1) I want to be a hairdresser. I like styling hair.

(2) We have term tests in junior high school.

2 (1)A: What's your dream?
B: I want to be a doctor.

(2)A: What club do you want to join?
B: I want to join the swimming club.

(3)A: What do you want to do in junior high school?
B: I want to read many English books.

3 (1) My name is Jimmy. I want to be a math teacher. I'm good at math.

(2) 男の人: What do you want to be, Emma?
エマ: I want to be a flight attendant.
男の子: Why?
エマ: I really like airplanes.

(3) I'm Taiga. I want to be a fire fighter. My brother is a fire fighter. I want to help people like him.

4 Hi, I'm Momoka. Look at this poster. I asked my classmates, “What do you want to be?” For boys, No.1 is a baseball player, No.2 is a soccer player and No.3 is a doctor. For girls, No.1 is a pastry chef, No.2 is a nurse and No.3 is a doctor. Both boys and girls chose a doctor.

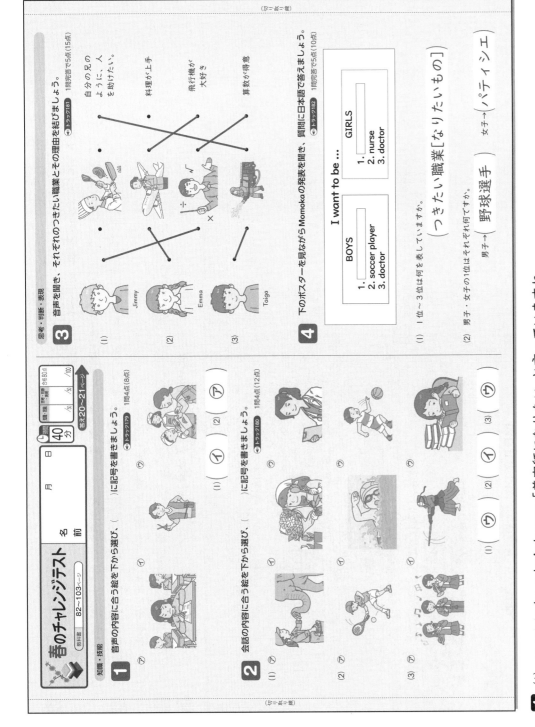

知識・技能

5 絵を見て、その内容を示す英語を、［　］の中から選んで［　］に書きましょう。 1問5点(15点)

(1) 
teacher

(2) 
moon

(3) 
chorus

chorus　moon　teacher

6 日本文に合うように、グレーの部分はなぞり、［　］の中から英語を選び、［　］に書きましょう。文の最初の文字は大文字で書きましょう。 1問完答で5点(15点)

(1) あなたは中学校で何をしたいですか。
What do you want to do in junior high school?

(2) なぜですか。
Why ?

(3) あなたは何のクラブに入りたいですか。
What club do you want to join ?

club　do　join　junior　why

思考・判断・表現

7 絵の中の女の子になったつもりで、絵に合う英語になるよう、グレーの部分はなぞり、［　］の中から正しい英語を選んで［　］に書きましょう。 1問5点(15点)

(1) I want to be a singer .
(2) I like music very much.
(3) I can sing well.

be a dentist　be a singer
can sing　like music

8 日本文に合うように、グレーの部分はなぞり、［　］に英語を入れましょう。 1問5点(10点)

(1) わたしは理科を勉強したいです。
I want to study science .

(2) それはすばらしいですね！（grで始まることばを入れましょう）
That's great !

5 (1) teacher「教師」　(2) moon「月」　(3) chorus「合唱」

6 (1) 「中学校で」は、in junior high schoolで表しましょう。
(3) 「(クラブに)入る」は、joinで表しましょう。

7 (1) 絵の内容から、「わたしは歌手になりたいです。」という文をつくりましょう。
(3) 「上手に歌う」は、sing wellで表しましょう。

8 (1) 「理科を勉強する」は、study scienceで表しましょう。
(2) grからはじまる「すばらしい」を表す英語は、greatです。

間違えた言葉を書きましょう

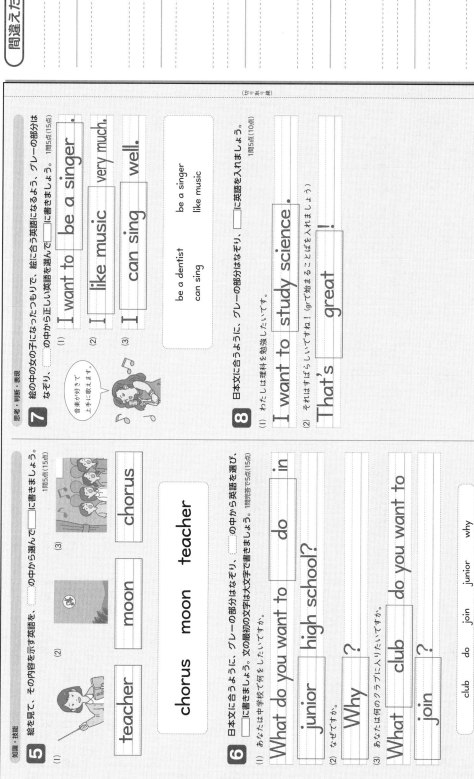

6年 英語のまとめ 学力診断テスト

名前　　　月　　日

時間 40分　知識・技能 /50　思考・判断・表現 /50　/100　合格80点

答え22～23ページ

知識・技能

1 音声の内容に合う絵を下から選び、(　　)に記号を書きましょう。　トラック183　1問4点(8点)

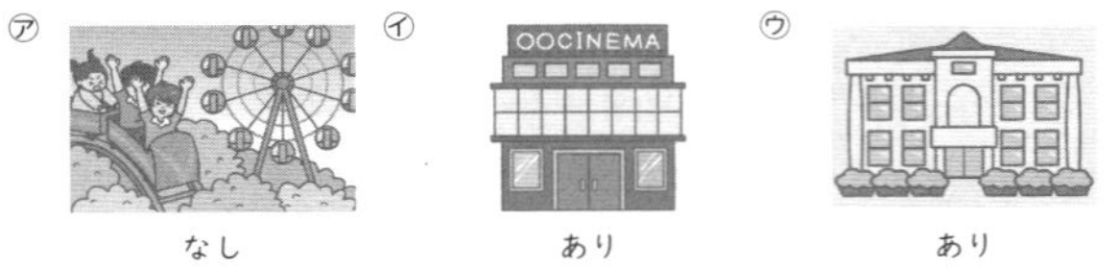

(1)(㋒) (2)(㋐)

2 会話の内容に合う絵を下から選び、(　　)に記号を書きましょう。　トラック184　1問4点(12点)

(1)(㋐) (2)(㋐) (3)(㋒)

思考・判断・表現

3 音声を聞き、それぞれが中学生になったらしたいことを結びましょう。　トラック185　1問5点(15点)

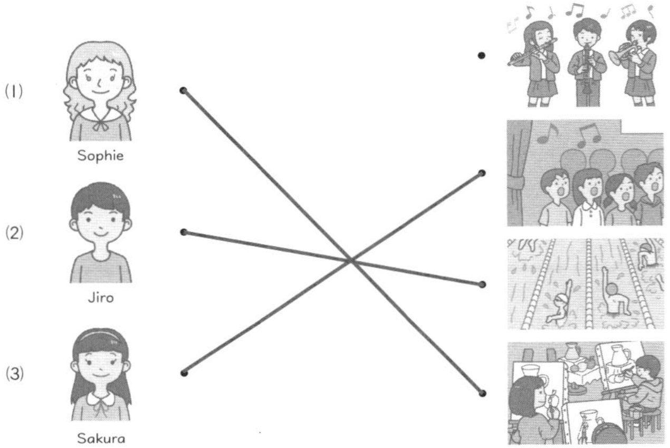

4 下のグラフを見ながら女の子の発表を聞き、質問に日本語で答えましょう。　トラック186　1問5点(10点)

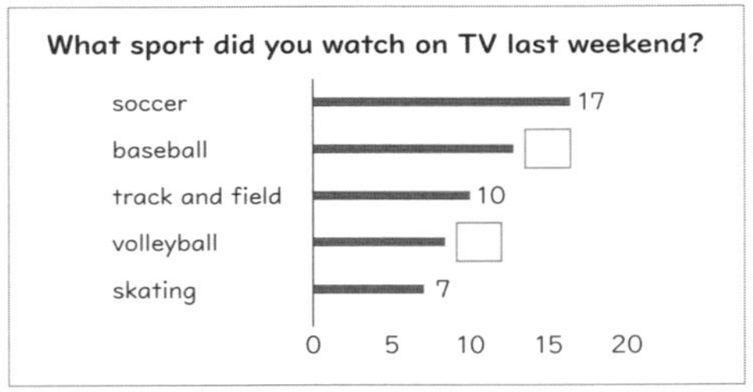

(1) 2位のbaseballは何人の生徒が見ましたか。　(13人)

(2) 4位のvolleyballは何人の生徒が見ましたか。　(8人)

1 (1) art museumは「美術館」です。We have ～ in our town.で、「自分たちの町には～がある。」と言っているのですね。

(2) amusement parkは「遊園地」です。We don't have ～ in our town.で、「自分たちの町には～がない。」と言っています。

4 男の子はI asked the students in this class, "What sport did you watch on TV last weekend?"「このクラスの生徒たちに『あなたは先週末にテレビで何のスポーツを見ましたか。』と聞いた。」と言っています。

読まれる英語

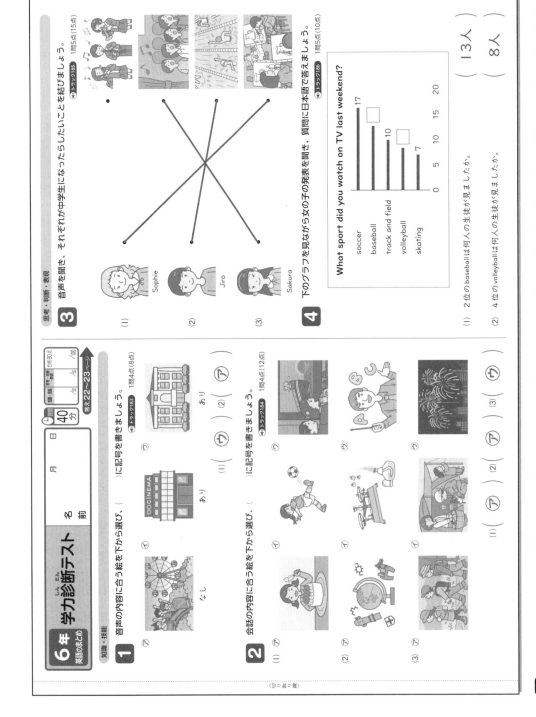

1 (1) We have an art museum in our town.

(2) We don't have an amusement park in our town.

2 (1)A: What did you do last weekend?

B: I made a cake for my family last Saturday. It was delicious.

(2)A: What's your favorite subject?

B: My favorite subject is social studies. It's interesting.

(3)A: How was your summer vacation?

B: It was wonderful! I saw fireworks.

3 (1) I'm Sophie. I want to join the art club in junior high school. I like drawing very much.

(2) My name is Jiro. I want to join the swimming team in junior high school. I can swim fast.

(3) I'm Sakura. I want to join the chorus in junior high school. I'm good at singing.

4 Look at this graph. I asked the students in this class, "What sport did you watch on TV last weekend?" No. 1 is soccer. 17 students watched it. No. 2 is baseball. 13 students watched it. No. 3 is track and field. 10 students watched it. No. 4 is volleyball. 8 students watched it. No. 5 is skating. 7 students watched it.

知識・技能

5 絵を見て、その内容を示す英語を、□の中から選んで□に書きましょう。 1問5点(15点)

(1) 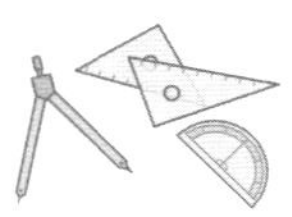

math

(2) 

soccer

(3) 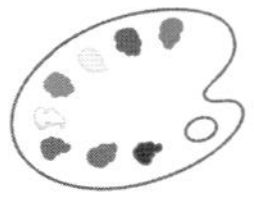

color

soccer　color　math

6 日本文に合うように、グレーの部分はなぞり、□の中から英語を選び、□に書きましょう。 1問完答で5点(15点)

(1) わたしはわたしたちの町に動物園がほしいです。

I want a zoo in our town.

(2) あなたはきのう何をしましたか。

What did you do yesterday?

(3) 〈(2)に答えて〉 わたしはきのう横浜に行きました。

I went to Yokohama yesterday.

did　zoo　want　went　do

思考・判断・表現

7 絵の中の男の子になったつもりで、絵に合う英語になるよう、グレーの部分はなぞり、□の中から正しい英語を選んで□に書きましょう。 1問5点(15点)

(1) What is your favorite memory of school?

It's the drama festival.

(2) I enjoyed acting.

(3) It was wonderful.

enjoyed acting　wonderful
drama festival　music festival

8 日本文に合うように、グレーの部分はなぞり、□に英語を入れましょう。 1問5点(10点)

(1) わたしは英語の先生になりたいです。

I want to be an English teacher.

(2) わたしは上手に泳ぐことができます。

I can swim well.

間違えた言葉を書きましょう

5 (1) math「算数」　(2) soccer「サッカー」　(3) color「色」

6 (1) 「〜がほしいです」は、I want 〜.で表しましょう。

(3) 「わたしは〜に行きました。」は、I went to 〜.で表しましょう。

7 (1) What is your favorite memory of school?(あなたのいちばんの学校の思い出は何ですか。)と質問されています。絵の内容から、「演劇祭」を表すdrama festivalを選びましょう。

(3) 感想を表す英語のwonderfulを使って、「それはすばらしかったです」という文をつくりましょう。

8 (2) 「上手に泳ぐ」は、swim wellで表しましょう。

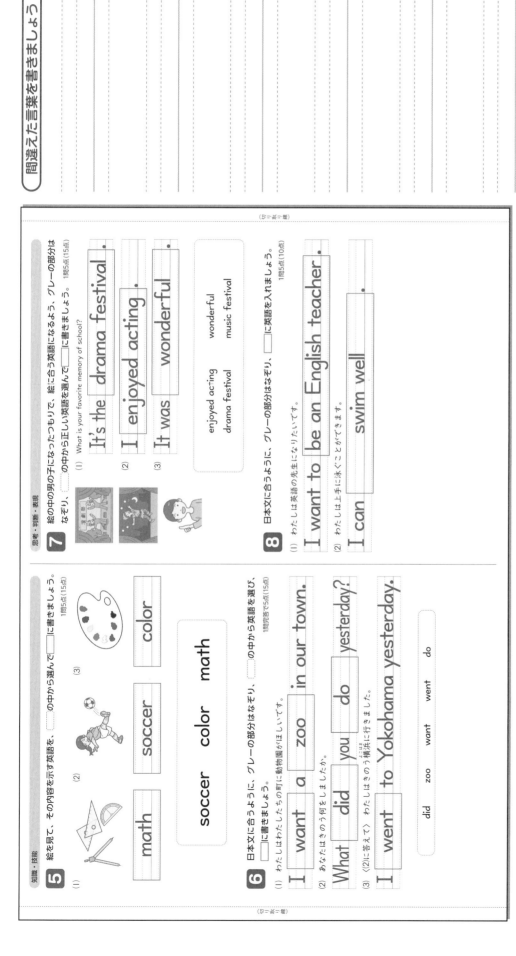

付録 とりはずしてお使いください。

英語 おさらいドリル

6年

こちらから
単語や文章の音声を
聞くことができます。

年　組

アルファベット

アルファベットの大文字をなぞりましょう。また、くり返し書いてみましょう。

A B C D E F

G H I J K L

M N O P Q R

S T U V W X

Y Z

アルファベットの小文字をなぞりましょう。また、くり返し書いてみましょう。

a b c d e f

g h i j k l

m n o p q r

s t u v w x

y z

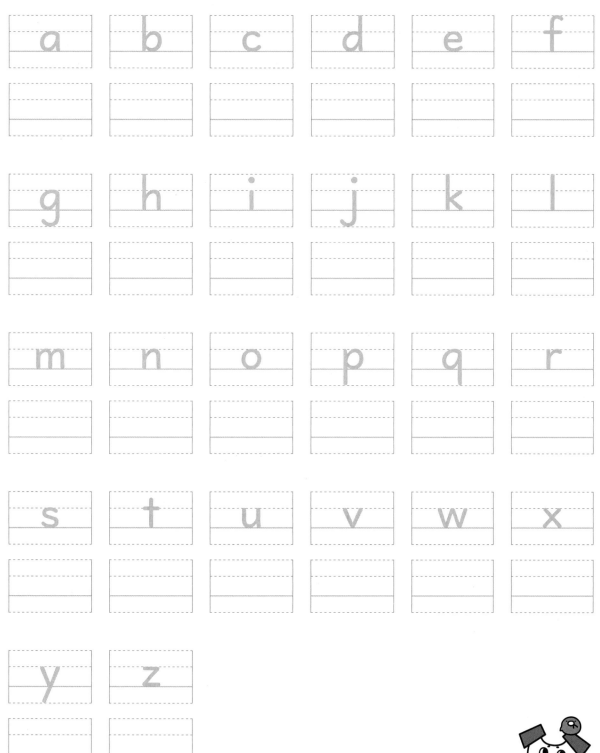

国名を表す言葉

国名を表す言葉をなぞりましょう。また、くり返し書いてみましょう。

□ベルギー

Belgium

□デンマーク

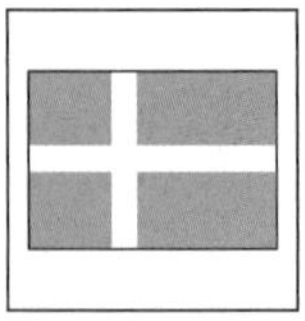

Denmark

□ネパール

Nepal

□キューバ

Cuba

□エクアドル

Ecuador

□タンザニア

Tanzania

聞かれたことについて、自分ならどう答えるか書いてみましょう。
空らんの言葉を埋めて、文をなぞりましょう。

1 自分の出身国を伝えるとき

I'm from ＿＿＿＿＿＿＿＿.

（私は〇〇出身です。）

2 自分の行きたい国をたずねるとき、答えるとき

Where do you want to go?

（あなたはどこに行きたいですか。）

I want to go to ＿＿＿＿＿＿＿＿.

（私は〇〇に行きたいです。）

3 「～に行きましょう。」とさそうとき

Let's go to ＿＿＿＿＿＿＿＿.

（〇〇に行きましょう。）

身の回りのものを表す言葉

身の回りのものを表す言葉をなぞりましょう。また、くり返し書いてみましょう。

□かご

basket

□本

book

□電話

telephone

□せっけん

soap

□カメラ

camera

□ブラシ

brush

聞かれたことについて、自分ならどう答えるか書いてみましょう。
空らんの言葉を埋めて、文をなぞりましょう。

1 誕生日にほしいものをたずねるとき、答えるとき

What do you want for your birthday?

（あなたはあなたの誕生日に何がほしいですか。）

I want ＿＿＿＿＿＿＿＿

for my birthday.

（私は誕生日に○○がほしいです。）

2 自分の宝物を伝えるとき

My treasure is my ＿＿＿＿＿＿＿＿.

（私の宝物は○○です。）

1日の行動を表す言葉

1日の行動を表す言葉をなぞりましょう。また、くり返し書いてみましょう。

□花に水をやる

water the flowers

□顔を洗う

wash my face

□朝ご飯を食べる

eat breakfast

□制服を着る

wear the school uniform

□家を出る

leave home

□夕ご飯を食べる

eat dinner

聞かれたことについて、自分ならどう答えるか書いてみましょう。
空らんの言葉を埋めて、文をなぞりましょう。

① ある時間にすることを伝えるとき

I always ＿＿＿＿＿＿＿＿

at 7:30.

（私は７時 30 分にいつも〇〇をします。）

I usually ＿＿＿＿＿＿＿＿

at six in the evening.

（私は夕方６時にたいてい〇〇をします。）

I sometimes ＿＿＿＿＿＿＿＿

on Saturday.

（私は土曜日に、ときどき〇〇をします。）

したこと（過去形）を表す言葉①

したことを表す言葉をなぞりましょう。また、くり返し書いてみましょう。

□家にいた

stayed home

□友達と遊んだ

played with my friends

□風呂を掃除した

cleaned the bath

□音楽を聞いた

listened to music

□友達と話した

talked with my friends

□テレビを見た

watched TV

聞かれたことについて、自分ならどう答えるか書いてみましょう。
空らんの中にはこれまで学んだ言葉を入れて、
自分のしたことと、その感想を書いてみましょう。

1 週末がどうだったかをたずねるとき、答えるとき

How was your weekend?

（週末はどうでしたか。）

It was great.

（それはすばらしかったです。）

2 週末にしたことを伝えるとき

I ____________________.

（私は〇〇をしました。）

したこと（過去形）を表す言葉②

したことを表す言葉をなぞりましょう。また、くり返し書いてみましょう。

□高尾山に登った

climbed Mt. Takao

□カレーライスを作った

made curry and rice

□おみやげを買った

bought souvenirs

□１位になった

won first place

□富士山を見た

saw Mt. Fuji

□速く走った

ran fast

聞かれたことについて、自分ならどう答えるか書いてみましょう。
空らんの中にはこれまで学んだ言葉を入れて、
自分のしたことと、その感想を書いてみましょう。

1 週末にしたことを伝えるとき

I went to ____________________.

（私は〇〇に行きました。）

I ____________________ there.

（私はそこで〇〇をしました。）

2 週末にしたことの感想を伝えるとき

It was ____________________.

（それは〇〇でした。）

場所を表す言葉

場所を表す言葉をなぞりましょう。また、くり返し書いてみましょう。

□空港

airport

□工場

factory

□スケートパーク

skate park

□キャンプ場

campsite

□森

forest

□さばく

desert

聞かれたことについて、自分ならどう答えるか書いてみましょう。
空らんの言葉を埋めて、文をなぞりましょう。

1 町の中のお気に入りの場所をたずねるとき、答えるとき

What is your favorite place

in your town?

（あなたの町のお気に入りの場所は何ですか。）

My favorite place is

____________________.

（私のお気に入りの場所は〇〇です。）

2 自分の町にほしい施設や観光地などを伝えるとき

I want ____________________

in my town.

（私の町に〇〇がほしいです。）

地名を表す言葉

地名を表す言葉をなぞりましょう。また、くり返し書いてみましょう。

□北極

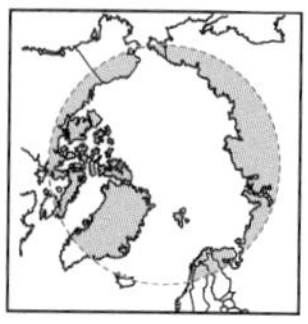

the Arctic

□南極

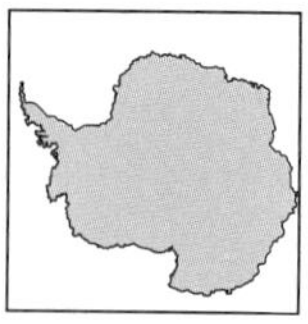

the Antarctic

□アフリカ

Africa

□ヨーロッパ

Europe

□南アメリカ

South America

□アジア

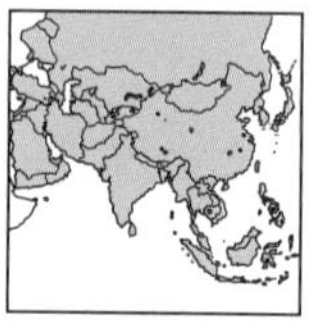

Asia

聞かれたことについて、自分ならどう答えるか書いてみましょう。
空らんの中にはこれまで学んだ言葉を入れて、
例にならって伝えてみましょう。

1 その国がどこの地域に属しているかを伝える場合

Japan is in Asia.

（日本はアジアにあります。）

France is in Europe.

（フランスはヨーロッパにあります。）

2 その地域で出会うことのできる動物などについて伝えるとき

We can see kangaroos in Oceania.

（オセアニアではカンガルーを見ることができます。）

We can see ＿＿＿＿＿＿

in ＿＿＿＿＿＿ .

（○○では○○を見ることができます。）

学校行事を表す言葉

学校行事を表す言葉をなぞりましょう。また、くり返し書いてみましょう。

□文化祭

culture festival

□ひなん訓練

evacuation drill

□運動会

sports festival

□期末試験

term test

□マラソン大会

school marathon

□学芸会

drama festival

聞かれたことについて、自分ならどう答えるか書いてみましょう。
空らんの中にはこれまで学んだ言葉を入れて、
思い出と楽しんだことを伝えてみましょう。

1 思い出の学校行事をたずねるとき、答えるとき

What is your best memory?

（あなたの一番の思い出は何ですか。）

My best memory is

______________________.

（私の一番の思い出は〇〇です。）

2 学校行事について、楽しんだことを伝えるとき

We enjoyed ______________________.

（私たちは〇〇を楽しみました。）

部活動を表す言葉

✎ 部活動を表す言葉をなぞりましょう。また、くり返し書いてみましょう。

□放送部

broadcasting club

□英語部

English club

□体操部

gymnastics team

□水泳部

swimming team

□陸上部

track and field team

□写真部

photography club

聞かれたことについて、自分ならどう答えるか書いてみましょう。
空らんの中にはこれまで学んだ言葉を入れて、
自分のできること、したいことを伝えてみましょう。

① 中学校で入りたい部活についてたずねるとき、答えるとき

What club do you want to join?

（あなたは何の部活に入りたいですか。）

I want to join the

＿＿＿＿＿＿＿＿.

私は〇〇部に入りたいです。）

② その部活に入りたい理由を伝えるとき

I can ＿＿＿＿＿＿＿＿.

（私は〇〇ができます。）

I'm good at ＿＿＿＿＿＿＿＿.

（私は〇〇が得意です。）

職業を表す言葉

職業を表す言葉をなぞりましょう。また、くり返し書いてみましょう。

□ファッションデザイナー

fashion designer

□消防士

firefighter

□イラストレーター

illustrator

□ジャーナリスト

journalist

□音楽家

musician

□薬剤師

pharmacist

聞かれたことについて、自分ならどう答えるか書いてみましょう。
空らんの中にはこれまで学んだ言葉を入れて、
自分のなりたい職業でしたいことも伝えてみましょう。

1 将来なりたい職業についてたずねるとき、答えるとき

What do you want to be?

（あなたは何になりたいですか。）

I want to be ＿＿＿＿＿＿＿＿.

（私は〇〇になりたいです。）

職業を表す言葉の前には
必ず a や an をつけましょう。

2 その職業について、したいことを伝えるとき

I want to ＿＿＿＿＿＿＿＿.

（私は〇〇がしたいです。）

3 自分のまわりの大人がついている職業について伝えるとき

My father is ＿＿＿＿＿＿＿＿.

（私の父は〇〇です。）

教科を表す言葉

教科を表す言葉をなぞりましょう。また、くり返し書いてみましょう。

□算数

math

□理科

science

□社会

social studies

□音楽

music

□体育

P.E.

□図画工作

arts and crafts

聞かれたことについて、自分ならどう答えるか書いてみましょう。
空らんの言葉を埋めて、文をなぞりましょう。

1 好きな教科についてたずねるとき、答えるとき

What subject do you like?

（あなたは何の教科が好きですか。）

I like ＿＿＿＿＿＿＿＿＿＿.

（私は○○が好きです。）

I don't like ＿＿＿＿＿＿＿＿＿＿.

（私は○○が好きではありません。）

2 自分の勉強したい教科について伝えるとき

I want to study ＿＿＿＿＿＿＿＿＿＿.

（私は○○を勉強したいです。）

感想を表す言葉

✎ 感想を表す言葉をなぞりましょう。また、くり返し書いてみましょう。

□こわい

scary

□困難な

tough

□簡単な

easy

□難しい

difficult

□たいくつな

boring

□独特の

unique

聞かれたことについて、自分ならどう答えるか書いてみましょう。
空らんの中にはこれまで学んだ言葉を入れて、
自分のおすすめの国について伝えてみましょう。

① おすすめの国と、そこでできること、その感想を伝えるとき

Let's go to ______________________.

（○○に行きましょう。）

You can see ______________________.

（○○を見ることができます。）

It is ______________________.

（それは○○です。）

乗り物を表す言葉

乗り物を表す言葉をなぞりましょう。また、くり返し書いてみましょう。

□一輪車

unicycle

□車いす

wheelchair

□パトカー

patrol car

□飛行機

airplane

□ボート

boat

□宇宙船

spaceship

聞かれたことについて、自分ならどう答えるか書いてみましょう。
空らんの中にはこれまで学んだ言葉を入れて、
自分のおすすめの場所について伝えてみましょう。

1 住んでいる地域の一番好きな場所と、そこでできること、どうやって行くことができるかを伝えるとき

My favorite place is

____________________.

（わたしのお気に入りの場所は○○です。）

You can ____________________.

（○○をすることができます。）

You can go there by ____________________.

（○○でそこに行くことができます。）

by は、「～で」という意味があり、そのあとに
乗り物を表す言葉を入れることができるよ。

家具・衣類を表す言葉

家具・衣類を表す言葉をなぞりましょう。また、くり返し書いてみましょう。

□コート

coat

□スカーフ

scarf

□スカート

skirt

□ジーンズ

jeans

□スリッパ

slippers

□ソファ

sofa

聞かれたことについて、自分ならどう答えるか書いてみましょう。
空らんの言葉を埋めて、文をなぞりましょう。

1 どこにあるかをたずねるとき、答えるとき

Where is ____________?

（○○はどこにありますか。）

It's on the ____________.

（○○の上にあります。）

2 ほしいものを伝えるとき

I want ____________.

（私は○○がほしいです。）

好きななまえをつけてね！

なまえ

ぴた犬（おとも犬）シールをはろう

シールの中から好きなぴた犬を選ぼう。

おうちのかたへ

がんばり表のデジタル版「デジタルがんばり表」では、デジタル端末でも学習の進捗記録をつけることができます。１冊やり終えると、抽選でプレゼントが当たります。「ぴたサポシステム」にご登録いただき、「デジタルがんばり表」をお使いください。LINE または PC・ブラウザを利用する方法があります。

LINE用

PC・ブラウザ用

ぴたサポシステムご利用ガイドはこちら

https://www.shinko-keirin.co.jp/shinko/news/pittari-support-system

スタート

Pre Unit　I can speak English!

8～9ページ	10～11ページ	12～13ページ	14～15ページ	16～17ページ	18～19ページ	20～21ページ
ぴったり１２	ぴったり１２	ぴったり３	ぴったり１２	ぴったり１２	ぴったり１２	ぴったり３
できたらシールをはろう	できたらシールをはろう	できたらシールをはろう	できたらシールをはろう	できたらシールをはろう	できたらシールをはろう	できたらシールをはろう

ージ

２

ページ	50～51ページ	52～53ページ
２	ぴったり１２	ぴったり３
	できたらシールをはろう	できたらシールをはろう

Unit 4　I went to the zoo.

54～55ページ	56～57ページ	58～59ページ
ぴったり１２	ぴったり１２	ぴったり３
できたらシールをはろう	できたらシールをはろう	できたらシールをはろう

60～61ページ	62～63ページ	64～65ページ
ぴったり１２	ぴったり１２	ぴったり３
できたらシールをはろう	できたらシールをはろう	できたらシールをはろう

This is my hero.

66～67ページ	68～69ページ	70～71ページ	ページ
ぴったり１２	ぴったり１２	ぴったり１２	３
できたらシールをはろう	できたらシールをはろう	できたらシールをはろう	

e brass band.

94～95ページ

ぴったり３

できたらシールをはろう

ゴール

最後までがんばったキミは「ごほうびシール」をはろう！

ごほうびシールをはろう

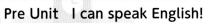

教科書ぴったりトレーニングの使い方

『ぴたトレ』は教科書にぴった
できるよ。教科書も見ながら
ぴた犬たちが勉強をサポート

ふだんの学習

ぴったり1 準備

教科書のだいじなところをまとめていくよ。
めあて でどんなことを勉強するかわかるよ。
音声を聞きながら、自分で声に出してかくにん
QR コードから「3 分でまとめ動画」が見られ

※QR コードは株式会社デンソーウェー

↓

ぴったり2 練習

「ぴったり1」で勉強したこと、おぼえている
かくにんしながら、自分で書く練習をしよう。

↓

ぴったり3 確かめのテスト

「ぴったり1」「ぴったり2」が終わったら取り組
学校のテストの前にやってもいいね。
わからない問題は、ふりかえり を見て前に
くにんしよう。

↓

実力チェック

- 夏のチャレンジテスト
- 冬のチャレンジテスト
- 春のチャレンジテスト
- 6年 英語のまとめ 学力診断テスト

夏休み、冬休み、春休み前に
使いましょう。
学期の終わりや学年の終わりの
テストの前にやってもいいね。

ふだん
たら、
にシー

別冊

丸つけラクラク解答

問題と同じ紙面に赤字で「答え」が書いて
取り組んだ問題の答え合わせをしてみよう。
問題やわからなかった問題は、右の「てびき」
教科書を読み返したりして、もう一度見直

り合わせて使うことが
、勉強していこうね。
するよ。

んしよう。
れるよ。
ブの登録商標です。

かな？

んでみよう。

もどってか

の学習が終わっ
「がんばり表」
ルをはろう。

うるよ。
まちがえた
を読んだり、
こう。

おうちのかたへ

本書『教科書ぴったりトレーニング』は、教科書の要点や重要事項をつかむ「ぴったり１ 準備」、おさらいをしながら単語や表現の書き取りに慣れる「ぴったり２ 練習」、テスト形式で学習事項が定着したか確認する「ぴったり３ 確かめのテスト」の３段階構成になっています。教科書の学習順序やねらいに完全対応していますので、日々の学習（トレーニング）にぴったりです。

「観点別学習状況の評価」について

学校の通知表は、「知識・技能」「思考・判断・表現」「主体的に学習に取り組む態度」の３つの観点による評価がもとになっています。

問題集やドリルでは、一般に知識を問う問題が中心になりますが、本書『教科書ぴったりトレーニング』では、次のように、観点別学習状況の評価に基づく問題を取り入れて、成績アップに結びつくことをねらいました。

ぴったり３ 確かめのテスト

- 「知識・技能」のうち、特に技能（具体的な情報の聞き取りなど）を取り上げた問題には「技能」と表示しています。
- 「思考・判断・表現」のうち、特に思考や表現（予想したり文章で説明したりすることなど）を取り上げた問題には「思考・判断・表現」と表示しています。

チャレンジテスト

- 主に「知識・技能」を問う問題か、「思考・判断・表現」を問う問題かで、それぞれに分類して出題しています。

別冊『丸つけラクラク解答』について

おうちのかたへ では、次のようなものを示しています。

- **学習のねらいやポイント**
- **他の学年や他の単元の学習内容とのつながり**
- **まちがいやすいことやつまずきやすいところ**

お子様への説明や、学習内容の把握などにご活用ください。

内容の例

おうちのかたへ

このユニットでは、過去に行った場所やしたことを伝える表現を練習しました。I went to～.（私は～へ行きました。）などに対して、Sounds good!（楽しそうだね。）などを使って感想を伝えてみてください。

教科書ぴったりトレーニング 英語 6年 がんばり表

いつも見えるところに、この「がんばり表」をはっておこう。
この「ぴたトレ」を学習したら、シールをはろう！
どこまでがんばったかわかるよ。

Unit 1 I'm from Tokyo, Japan.

30~31ページ	28~29ページ	26~27ページ	24~25ページ	22~23ページ
ぴったり3	ぴったり1 2	ぴったり1 2	ぴったり3	ぴったり
できたら シールを はろう	できたら シールを はろう	できたら シールを はろう	できたら シールを はろう	できたら シールを はろう

Unit 2 Welcome to Japan.

36~37ページ	34~35ページ	32~33ページ
ぴったり3	ぴったり1 2	ぴったり1 2
できたら シールを はろう	できたら シールを はろう	できたら シールを はろう

38~39ページ	40~41ページ
ぴったり1 2	ぴったり3
できたら シールを はろう	できたら シールを はろう

Unit 3 We need a big park in our town

42~43ページ	44~45ページ	46~47ページ	48~49
ぴったり1 2	ぴったり1 2	ぴったり3	ぴったり
できたら シールを はろう	できたら シールを はろう	できたら シールを はろう	できたら シール はろう

Unit 5

72~73
ぴったり
できたら シールを はろう

Unit 6 My favorite memory is the school trip.

80~81ページ	78~79ページ	76~77ページ	74~75ページ
ぴったり3	ぴったり1 2	ぴったり1 2	ぴったり1 2
できたら シールを はろう	できたら シールを はろう	できたら シールを はろう	できたら シールを はろう

Unit 7 I want to be a fashion designer.

82~83ページ	84~85ページ	86~87ページ	88~89ページ
ぴったり1 2	ぴったり1 2	ぴったり1 2	ぴったり3
できたら シールを はろう	できたら シールを はろう	できたら シールを はろう	できたら シールを はろう

Unit 8 I want to join th

90~91ページ	92~93ページ
ぴったり1 2	ぴったり1 2
できたら シールを はろう	できたら シールを はろう

ここでは、１日の生活ですること、過去にしたこと、感想について話すときに使える英語を紹介しています。英語を見ながら、自分ならどう答えるか考えてみましょう。

HIJKL

ここから音声が聞けるよ！

・wash the dishes（皿を洗う）

出す）

過去の動作を表す英語

・went（行った）

・ate（食べた）

・saw（見た）

・made（作った）

・enjoyed（楽しんだ）

バッチリポスター

A B C D E F G

英語6年 場面で覚える英語集

―入りたい部活動・なりたい職業―

部活動を表す英語

- art club（美術部）
- basketball team（バスケットボール部）
- soccer team（サッカー部）
- tennis team（テニス部）
- badminton team（バドミントン部）
- chorus（合唱部）
- baseball team（野球部）
- volleyball team（バレーボール部）
- brass band（吹奏楽部）

職業を表す英語

- astronaut（宇宙
- comedian（お笑
- farmer（農場主）
- nurse（看護師）
- teacher（先生）

ここでは、中学校で入りたい部活動や、将来なりたい職業について話すときに使える英語を紹介しています。英語を見ながら、自分ならどう答えるか考えてみましょう。

HIJKL

ここから音声が聞けるよ！

- 飛行士）
- 芸人）
- vet（じゅう医）
- zookeeper（飼育員）
- actor（俳優）
- artist（芸術家）
- baseball player（野球選手）
- flight attendant（客室乗務員）
- florist（花屋）
- pilot（パイロット）
- scientist（科学者）
- singer（歌手）
- soccer player（サッカー選手）
- police officer（警察官）
- baker（パン屋）
- doctor（医者）

バッチリポスター

A B C D E F G

英語6年 場面で覚える英語集
ー日課・したこと・感想ー

What did you do yesterday?
あなたは昨日何をしましたか。
I enjoyed camping.
わたしはキャンプを楽しみました。
I sometimes wat
わたしはときどきテレビを見ます。
I made dinner.
わたしは晩（ばん）ご飯を作りました。
I went to Osaka.
わたしは大阪へ行きました。

動作を表す英語

- get up（起きる）
- go to school（学校に行く）
- go to bed（ねる）
- take a bath（ふろに入る）
- do my homework（宿題をする）
- watch TV（テレビを見る）
- brush my teeth（歯をみがく）
- go home（家に帰る）
- take out the garbage（ごみを

\\ 音声クイズつき！ //

イラストでおぼえる 6年

英語カード

右のQRコードから、
音声を聞くことができます。

1 job

☐ actor

2 job

☐ artist

3 job

☐ astronaut

4 job

☐ baker

5 job

☐ baseball player

6 job

☐ comedian

7 job

☐ doctor

8 job

☐ farmer

9 job

☐ flight attendant

10 job

☐ florist

11 job

☐ nurse

12 job

☐ pilot

13 job

☐ police officer

14 job

☐ scientist

使い方

❶音声を聞いて、英語を読んでみましょう。
イラストと合わせて覚えましょう。

❷日本語とイラストを見て、英語を言えるか確認（かくにん）してみましょう。

❸音声クイズを聞いて、答えのカードを探（さが）してみましょう。

1 職業

□ 俳優（はいゆう）

2 職業

□ 芸術家

3 職業

□ 宇宙飛行士（うちゅうひこうし）

4 職業

□ パン屋

5 職業

□ 野球選手

6 職業

□ お笑い芸人

7 職業

□ 医者

8 職業

□ 農場主

9 職業

□ 客室乗務員

10 職業

□ 花屋

11 職業

□ 看護師（かんごし）

12 職業

□ パイロット

13 職業

□ 警察官（けいさつかん）

14 職業

□ 科学者

15 job

☐ singer

16 job

☐ soccer player

17 job

☐ teacher

18 job

☐ vet

19 job

☐ zookeeper

20 animal

☐ bird

21 animal

☐ chicken

22 animal

☐ dolphin

23 animal

☐ elephant

24 animal

☐ frog

25 animal

☐ giraffe

26 animal

☐ koala

27 animal

☐ monkey

28 animal

☐ mouse

29 animal

☐ octopus

30 animal

☐ panda

18 職業

□ 獣医（じゅうい）

17 職業

□ 先生

16 職業

□ サッカー選手

15 職業

□ 歌手

22 動物

□ イルカ

21 動物

□ ニワトリ

20 動物

□ 鳥

19 職業

□ 動物園の飼育員

26 動物

□ コアラ

25 動物

□ キリン

24 動物

□ カエル

23 動物

□ ゾウ

30 動物

□ パンダ

29 動物

□ タコ

28 動物

□ ネズミ

27 動物

□ サル

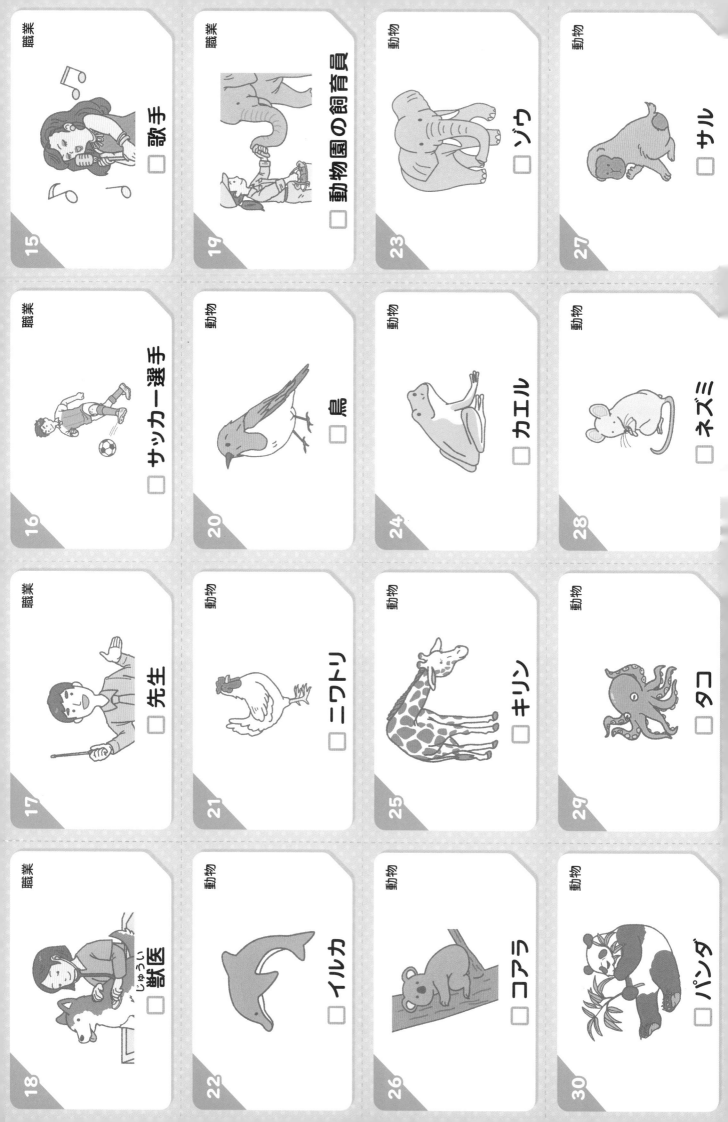

31 animal

☐ penguin

32 animal

☐ pig

33 animal

☐ snake

34 animal

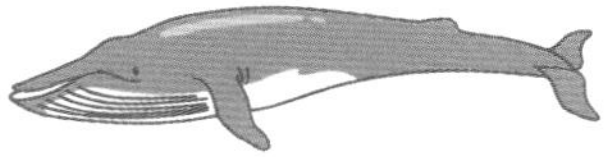

☐ whale

35 club activity

☐ art club

36 club activity

☐ badminton team

37 club activity

☐ baseball team

38 club activity

☐ basketball team

39 club activity

☐ brass band

40 club activity

☐ chorus

41 club activity

☐ drama club

42 club activity

☐ soccer team

43 club activity

☐ tennis team

44 club activity

☐ volleyball team

45 event

☐ Children's Day

46 event

☐ drama festival

31
動物

□ ペンギン

32
動物

□ ブタ

33
動物

□ ヘビ

34
動物
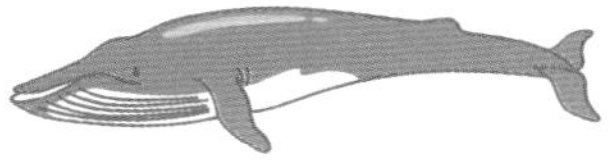
□ クジラ

35
部活動

□ 美術部

36
部活動

□ バドミントン部

37
部活動

□ 野球部

38
部活動

□ バスケットボール部

39
部活動

すいそうがくぶ
□ 吹奏楽部

40
部活動

□ 合唱部

41
部活動

えんげきぶ
□ 演劇部

42
部活動

□ サッカー部

43
部活動

□ テニス部

44
部活動

□ バレーボール部

45
行事

□ こどもの日

46
行事

□ 学芸会

47 event

☐ entrance ceremony

48 event

☐ field trip

49 event

☐ graduation ceremony

50 event

☐ music festival

51 event

☐ New Year's Day

52 event

☐ New Year's Eve

53 event

☐ school trip

54 event

☐ sports day

55 event

☐ Star Festival

56 event

☐ swimming meet

57 event

☐ volunteer day

58 nature

☐ beach

59 nature

☐ lake

60 nature

☐ mountain

61 nature

☐ river

62 nature

☐ sea

47 行事

□ 入学式

48 行事

□ 遠足

49 行事

□ 卒業式

50 行事

□ 音楽祭

51 行事

□ 元日

52 行事

□ 大みそか

53 行事

□ 修学旅行

54 行事

□ 運動会

55 行事

□ 七夕

56 行事

□ 水泳競技会（すいえいきょうぎかい）

57 行事

□ ボランティアの日

58 自然

□ ビーチ

59 自然

□ 湖

60 自然

□ 山

61 自然

□ 川

62 自然

□ 海

63 country

☐ Australia

64 country

☐ Brazil

65 country

☐ Canada

66 country

☐ China

67 country

☐ Egypt

68 country

☐ France

69 country

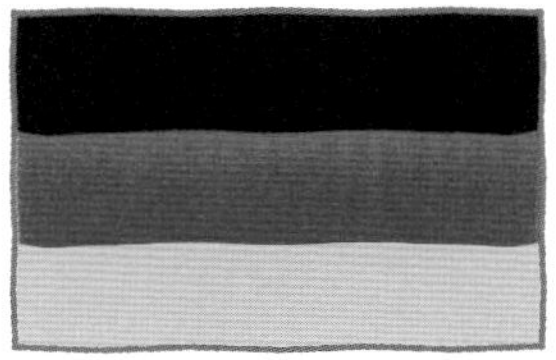

☐ Germany

70 country

☐ India

71 country

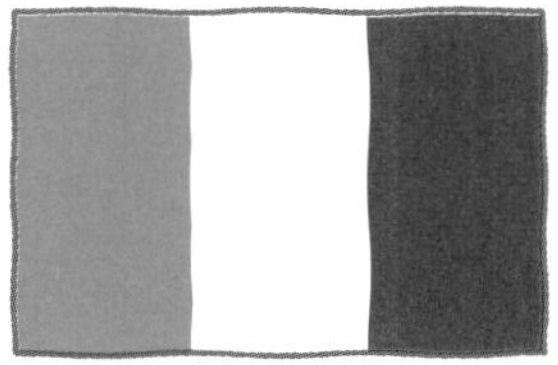

☐ Italy

72 country

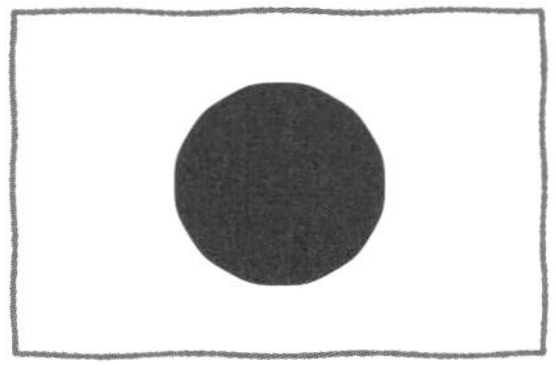

☐ Japan

73 country

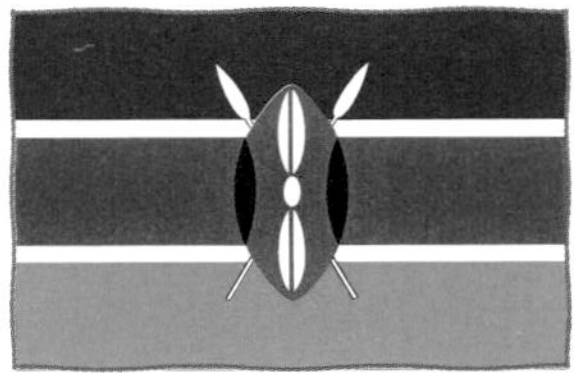

☐ Kenya

74 country

☐ Korea

75 country

☐ Peru

76 country

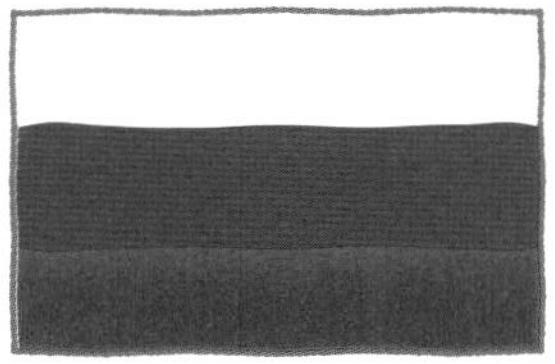

☐ Russia

77 country

☐ Spain

78 country

☐ Thailand

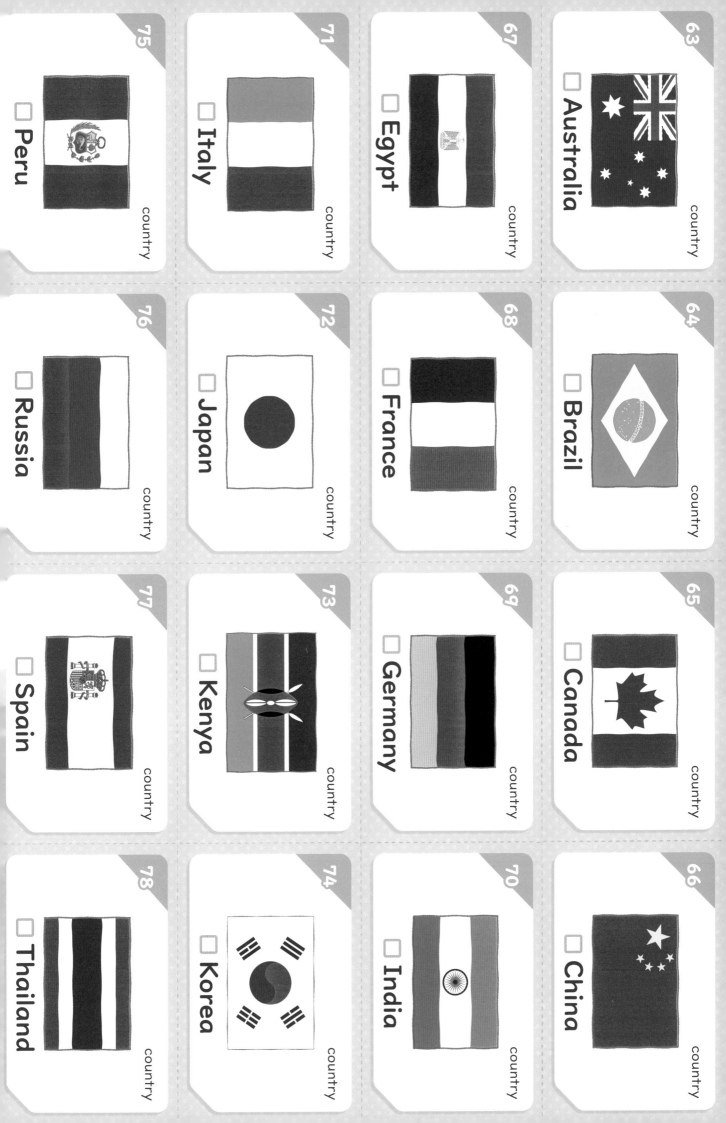

63 国

□ オーストラリア

64 国

□ ブラジル

65 国

□ カナダ

66 国

□ 中国

67 国

□ エジプト

68 国

□ フランス

69 国

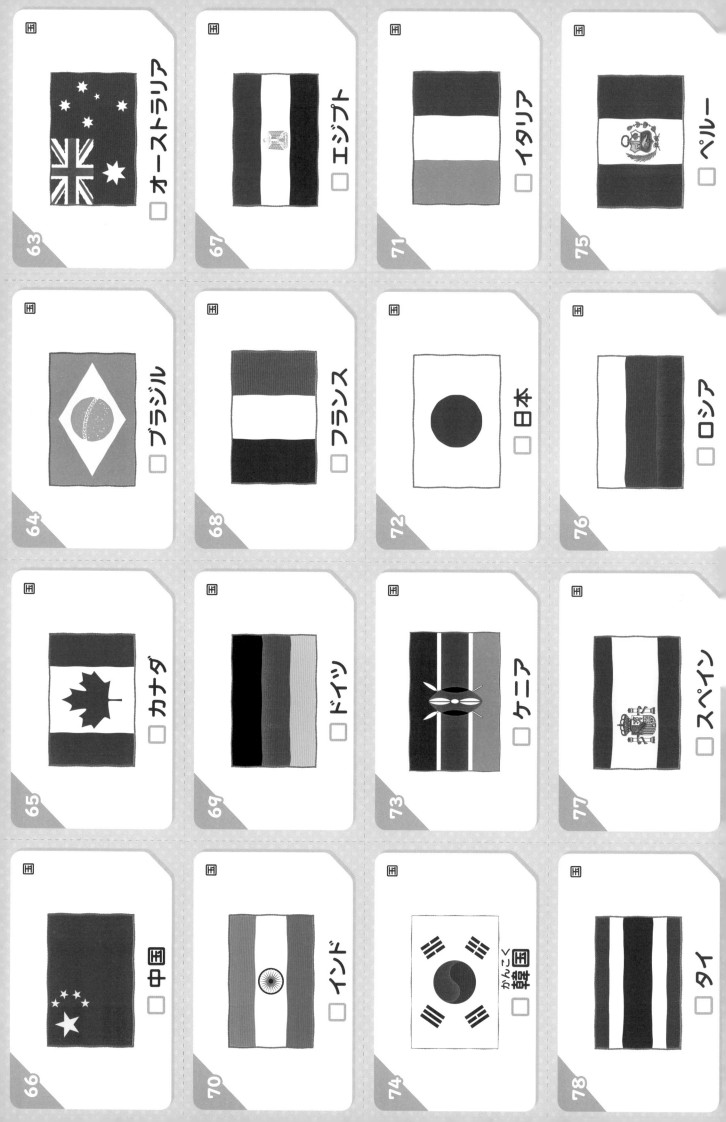

□ ドイツ

70 国

□ インド

71 国

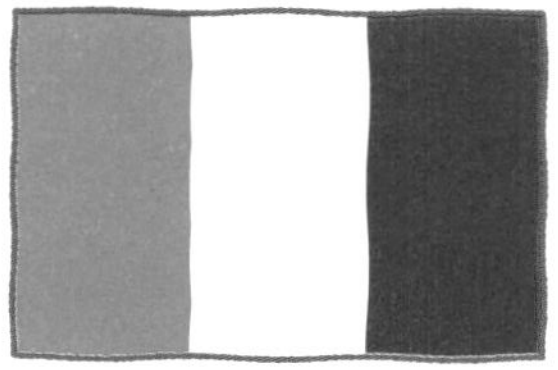

□ イタリア

72 国

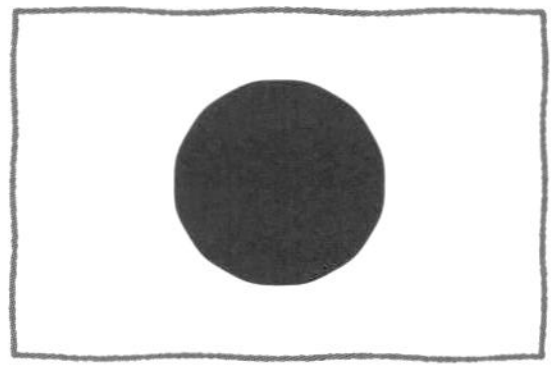

□ 日本

73 国

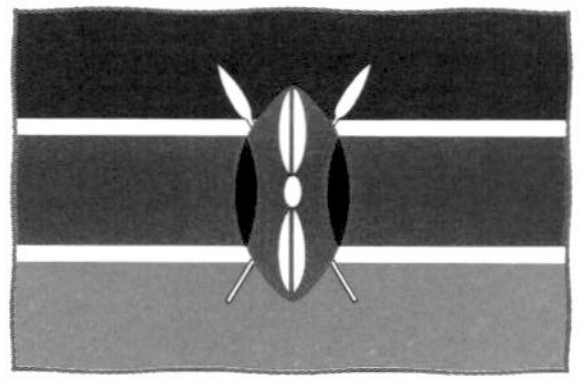

□ ケニア

74 国

□ 韓国（かんこく）

75 国

□ ペルー

76 国

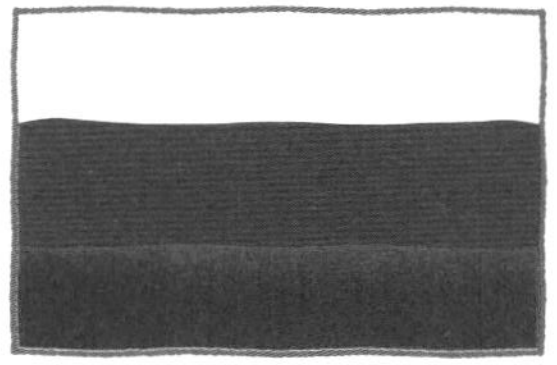

□ ロシア

77 国

□ スペイン

78 国

□ タイ

79 country

☐ the Philippines

80 food

☐ apple

81 food

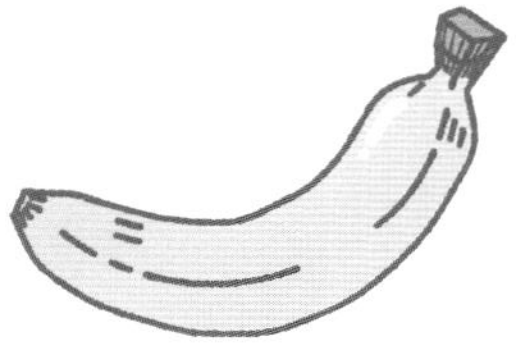

☐ banana

82 food

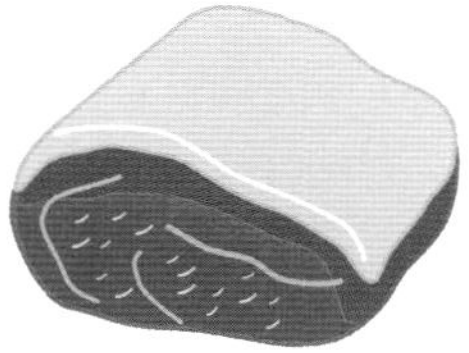

☐ beef

83 food

☐ cabbage

84 food

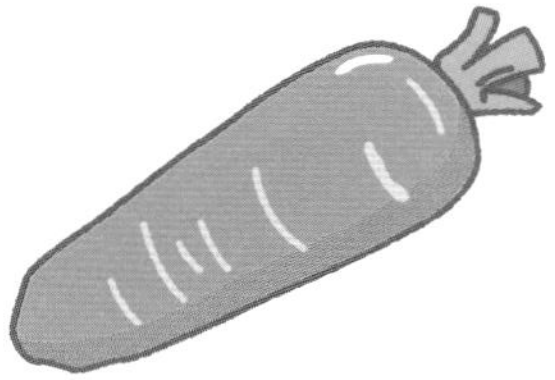

☐ carrot

85 food

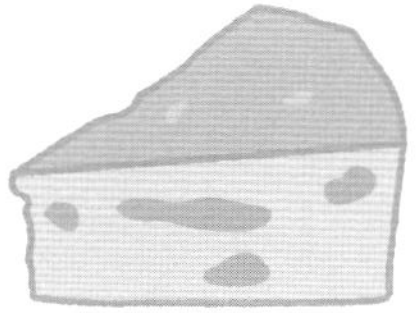

☐ cheese

86 food

☐ cherry

87 food

☐ corn

88 food

☐ egg

89 food

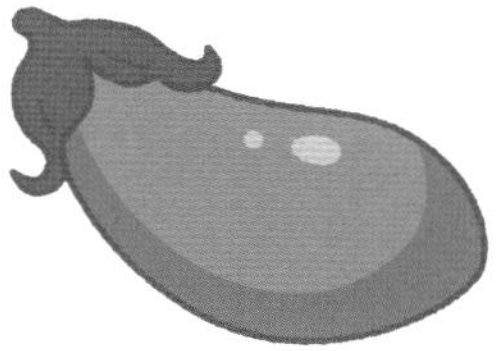

☐ eggplant

90 food

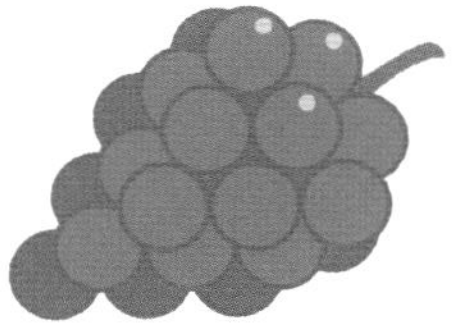

☐ grapes

91 food

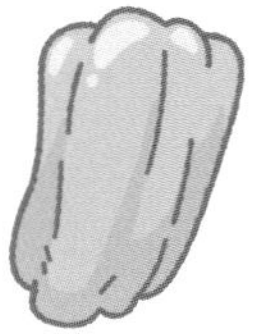

☐ green pepper

92 food

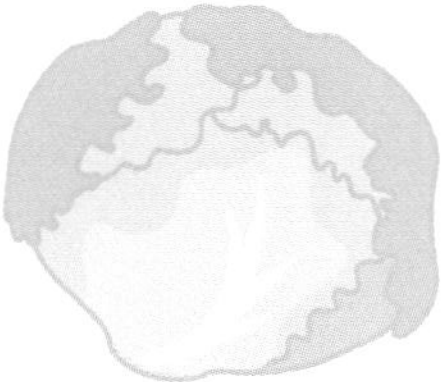

☐ lettuce

93 food

☐ melon

94 food

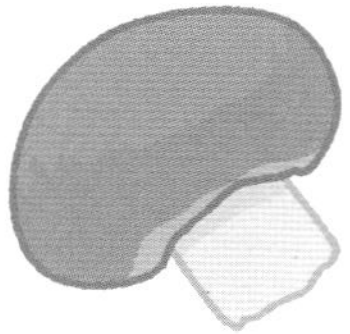

☐ mushroom

79 国

□ フィリピン

80 食べ物

□ リンゴ

81 食べ物

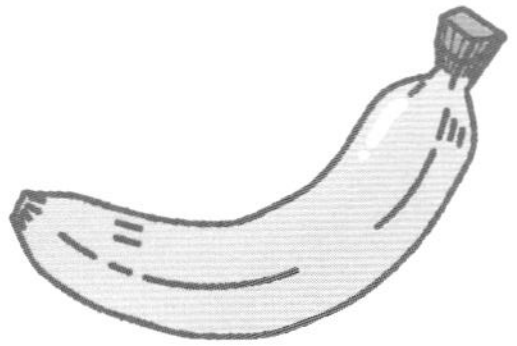

□ バナナ

82 食べ物

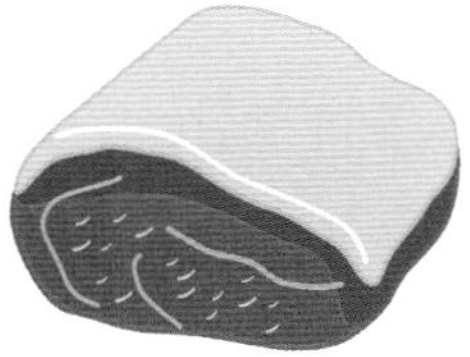

□ 牛肉

83 食べ物

□ キャベツ

84 食べ物

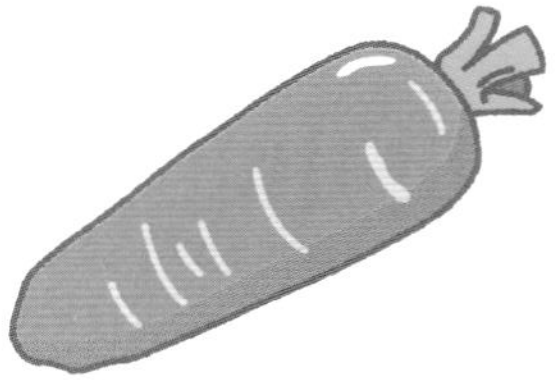

□ ニンジン

85 食べ物

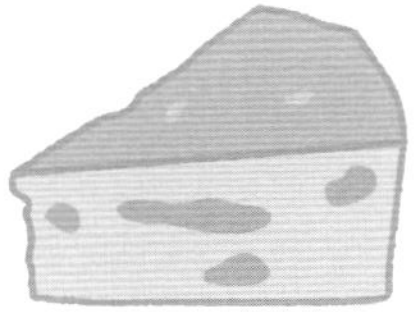

□ チーズ

86 食べ物

□ サクランボ

87 食べ物

□ トウモロコシ

88 食べ物

□ 卵（たまご）

89 食べ物

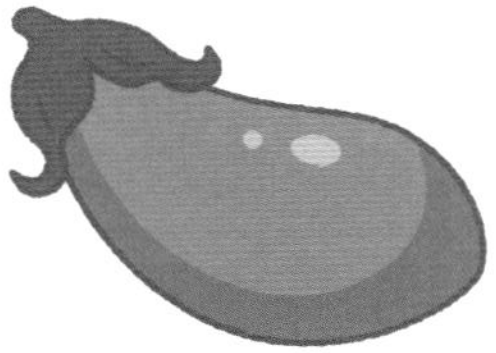

□ ナス

90 食べ物

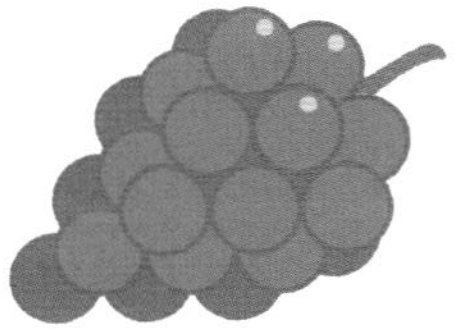

□ ブドウ

91 食べ物

□ ピーマン

92 食べ物

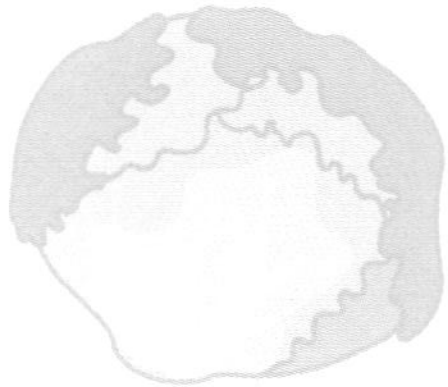

□ レタス

93 食べ物

□ メロン

94 食べ物

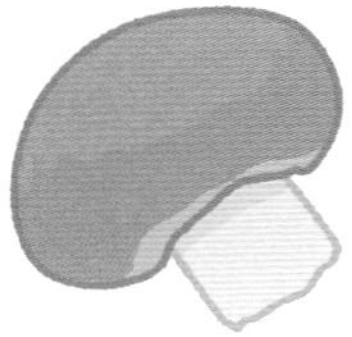

□ キノコ

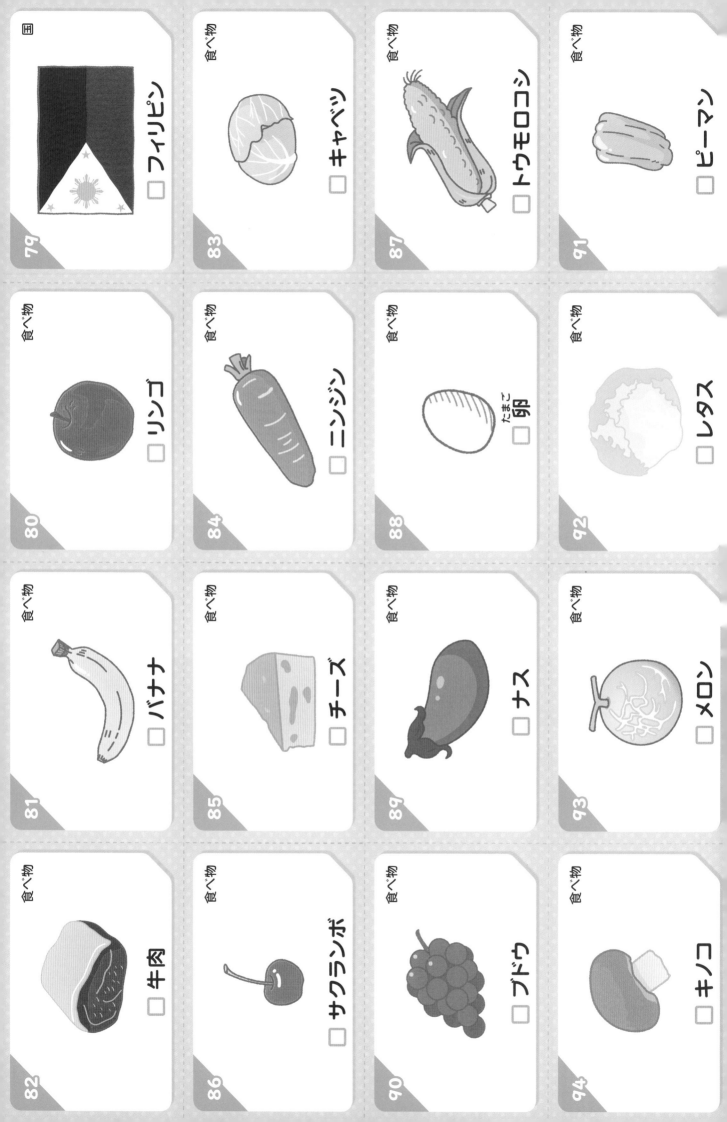

95 food

☐ onion

96 food

☐ orange

97 food

☐ peach

98 food

☐ pineapple

99 food
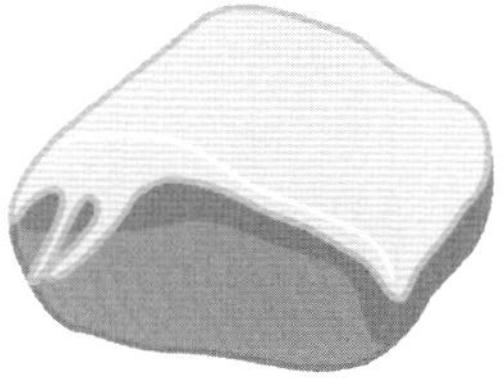
☐ pork

100 food
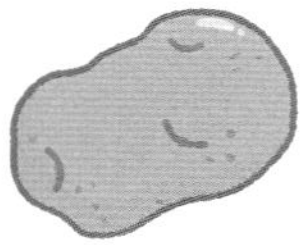
☐ potato

101 food

☐ spinach

102 food

☐ strawberry

103 food

☐ tomato

104 food
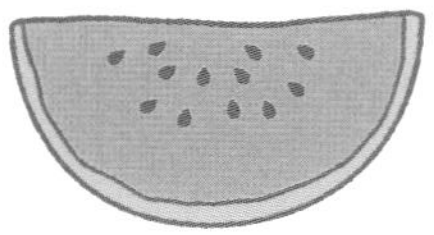
☐ watermelon

105 action

☐ buy

106 action

☐ clean

107 action

☐ cook

108 action

☐ dance

109 action

☐ drink

110 action

☐ eat

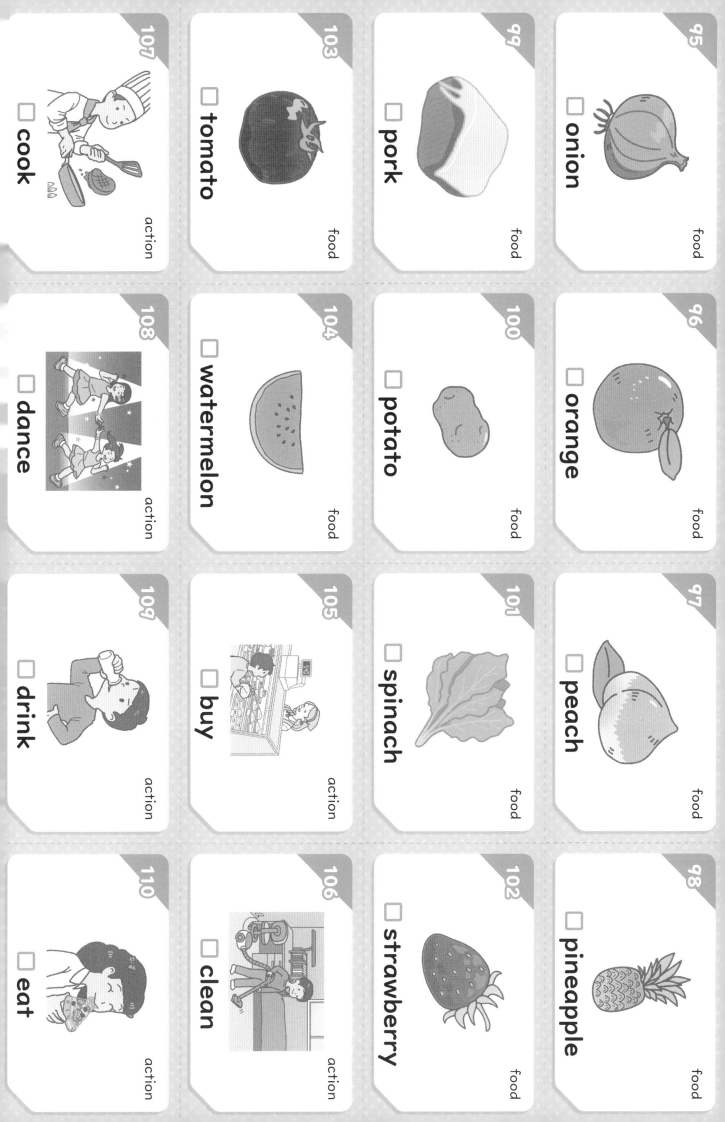

95 食べ物

□ タマネギ

96 食べ物

□ オレンジ

97 食べ物

□ モモ

98 食べ物

□ パイナップル

99 食べ物
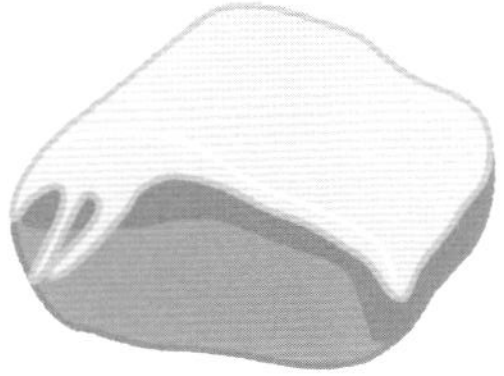
□ ぶた肉

100 食べ物
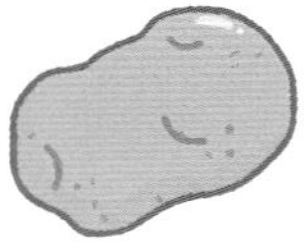
□ ジャガイモ

101 食べ物

□ ホウレンソウ

102 食べ物

□ イチゴ

103 食べ物

□ トマト

104 食べ物
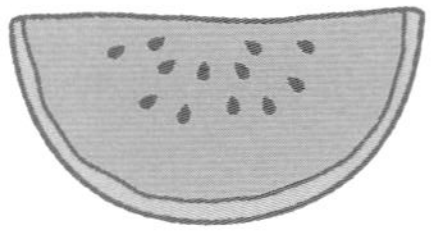
□ スイカ

105 動作

□ 買う

106 動作

□ そうじをする

107 動作

□ 料理をする

108 動作

□ おどる

109 動作

□ 飲む

110 動作

□ 食べる

111 action

☐ fly

112 action

☐ get

113 action

☐ help

114 action

☐ make

115 action

☐ read

116 action

☐ ride

117 action

☐ run

118 action

☐ see

119 action

☐ sing

120 action

☐ speak

121 action

☐ study

122 action

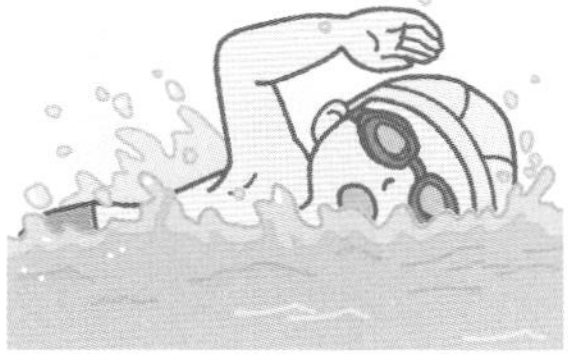

☐ swim

123 action

☐ talk

124 action

☐ visit

125 action

☐ walk

126 action

☐ watch

114 動作

□ 作る

113 動作

□ 手伝う

112 動作

□ 手に入れる

111 動作

□ 飛ぶ

118 動作

□ 見る

117 動作

□ 走る

116 動作

□ 乗る

115 動作

□ 読む

122 動作

□ 泳ぐ

121 動作

□ 勉強する

120 動作

□ （言語を）話す

119 動作

□ 歌う

126 動作

□ （テレビなどを）見る

125 動作

□ 歩く

124 動作

□ 訪（たず）ねる

123 動作

□ 話す

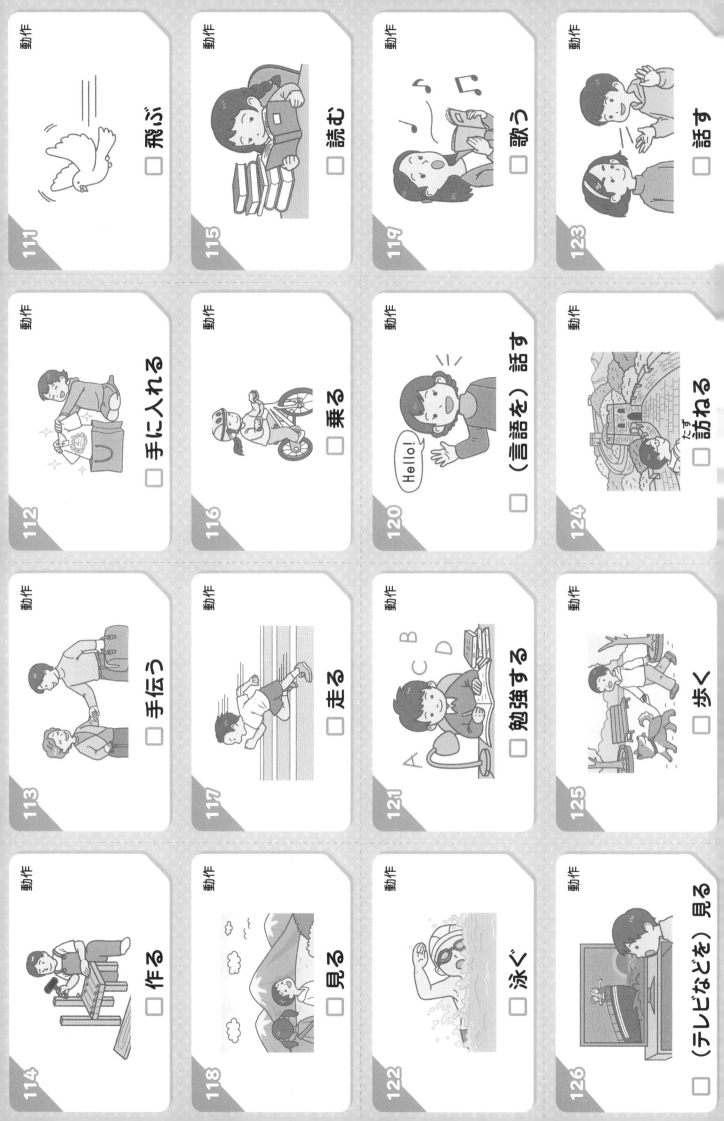